GEFUNDEN

Gedichte für die Grundschule

Herausgegeben von Mascha Kleinschmidt-Bräutigam
und Margarete Kolbe

Illustrationen von Pia Eisenbarth, Hildegard Müller, Gabriele Nold,
Andreas Röckener, Dorothea Tust und Christine Wahl

Neue Rechtschreibung

Verlag Moritz Diesterweg
Frankfurt am Main

Bildquellennachweis

S. 136 o.: Isolde Ohlbaum, München; S. 136 Mitte: AKG Photo, Berlin; S. 137 o.: Bildarchiv Preussischer Kulturbesitz, Berlin; S. 137 Mitte: Isolde Ohlbaum, München; S. 138: AKG Photo, Berlin; S. 139: Isolde Ohlbaum, München; S. 140 o.: Alexa Gelberg, Weinheim; S. 140 u.: Isolde Ohlbaum, München; S. 141: Isolde Ohlbaum, München; S. 142: Alexa Gelberg, Weinheim

Dieses Werk folgt der reformierten Rechtschreibung und Zeichensetzung. Ausnahmen bilden Texte, bei denen künstlerische, philologische oder lizenzrechtliche Gründe einer Änderung entgegenstehen.

Umweltschonendes Papier weil aus chlorfrei gebleichtem Zellstoff mit Holzschliff

ISBN 3-425-21119-6

Layout: Elke Strauch, Köln
Satz und Reproduktion: Fotosatz Krieg/Reprographia, Lahr
Druck- und Bindearbeiten: Stalling, Oldenburg
Umschlaggestaltung: Hildegard Müller, Ginsheim
Printed in Germany

Inhaltsverzeichnis

● Ein Metterschling mit flauen Blügeln 99

Weißt du, wie der Sommer riecht?

Wie viel Sand in dem Meer

Wie viel Sand in dem Meer,
wie viel Sterne oben her,
wie viel Tiere in der Welt,
wie viel Heller unterm Geld,
in den Adern wie viel Blut,
in dem Feuer wie viel Glut,
wie viel Blätter in den Wäldern,
wie viel Gräslein in den Feldern,
in den Hecken wie viel Dörner,
auf dem Acker wie viel Körner,
auf den Wiesen wie viel Klee,
wie viel Stäublein auf der Höh,
in den Flüssen wie viel Fischlein,
in dem Meere wie viel Müschlein,
wie viel Tropfen in der See,
wie viel Flocken in dem Schnee,
so viel Lebendig weit und breit,
wünsch ich dir eine gute Zeit.

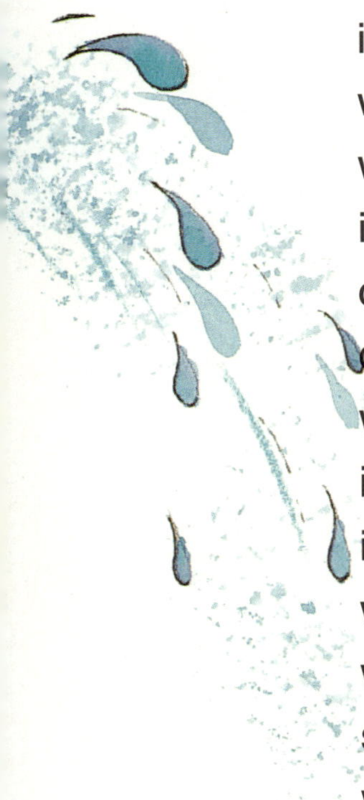

aus: „Des Knaben Wunderhorn"

Gefunden

Ich ging im Walde
so für mich hin,
und nichts zu suchen,
das war mein Sinn.

Im Schatten sah ich
ein Blümchen stehn,
wie Sterne leuchtend,
wie Äuglein schön.

Ich wollt es brechen,
da sagt es fein:
Soll ich zum Welken
gebrochen sein?

Ich grubs mit allen
den Würzlein aus,
zum Garten trug ichs
am hübschen Haus.

Und pflanzt es wieder
am stillen Ort,
nun zweigt es immer
und blüht so fort.

Johann Wolfgang von Goethe

Maler Frühling

Der Frühling ist ein Maler,
er malte alles an,
die Berge mit den Wäldern,
die Täler mit den Feldern:
Was der doch malen kann!

Auch meine Blumen
schmückt er mit Farbenpracht:
Wie sie so herrlich strahlen!
So schön kann keiner malen,
so schön, wie er es macht.

O könnt ich doch so malen,
ich malt ihm einen Strauß
und spräch in frohem Mute
für alles Lieb und Gute
so meinen Dank ihm aus!

Hoffmann von Fallersleben

Auf ein Ei geschrieben

Ostern ist zwar schon vorbei,
Also dies kein Osterei;
Doch wer sagt, es sei kein Segen,
Wenn im Mai die Hasen legen?
Aus der Pfanne, aus dem Schmalz
Schmeckt ein Eilein jedenfalls,
Und kurzum, mich tät's gaudieren,
Dir dies Ei zu präsentieren,
Und zu gleich tät es mich kitzeln,
Dir ein Rätsel draufzukritzeln.

Eduard Mörike

Verblühter Löwenzahn

Wunderbar
stand er da im Silberhaar.

Aber eine Dame,
Annette war ihr Name,
machte ihre Backen dick,
machte ihre Lippen spitz,
blies einmal, blies mit Macht,
blies ihm fort die ganze Pracht.

Und er blieb am Platze
zurück mit einer Glatze.

Josef Guggenmos

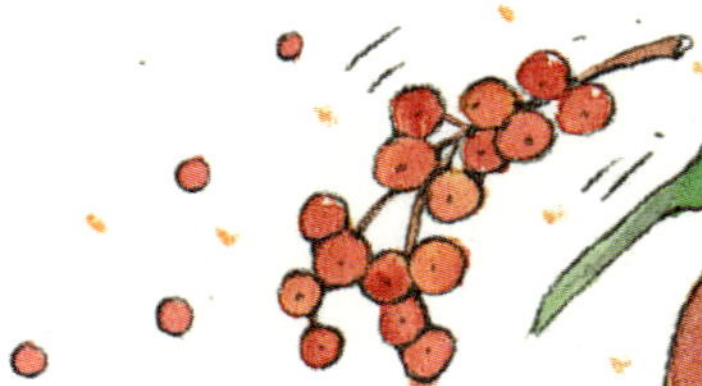

Sommer

Weißt du, wie der Sommer riecht?
Nach Birnen und nach Nelken,
nach Äpfeln und Vergissmeinnicht,
die in der Sonne welken,
nach heißem Sand und kühlem See
und nassen Badehosen,
nach Wasserball und Sonnenkrem,
nach Straßenstaub und Rosen.

Weißt du, wie der Sommer schmeckt?
Nach gelben Aprikosen
und Walderdbeeren, halb versteckt
zwischen Gras und Moosen,
nach Himbeereis, Vanilleeis
und Eis aus Schokolade,
nach Sauerklee vom Wiesenrand
und Brauselimonade.

Weißt du, wie der Sommer klingt?
Nach einer Flötenweise,
die durch die Mittagsstille dringt:
Ein Vogel zwitschert leise,
dumpf fällt ein Apfel in das Gras,
der Wind rauscht in den Bäumen.
Ein Kind lacht hell, dann schweigt es schnell
und möchte lieber träumen.

Ilse Kleberger

Blumenlied

Löwenzahn, sag an, an, an,
ob dein Zahn auch beißen kann.

Fingerhut, ach je, je, je,
reichst der Biene bis zur Zeh.

Glockenblume, kling, kling, kling,
Glöckner ist der Schmetterling.

Mohn im Korn, so rot, rot, rot,
kostbar ist das liebe Brot.

Butterblume, muh, muh, muh,
morgen kommt die schwarze Kuh.

Reiner Kunze

Regen fällt vom Himmel

Regen fällt vom Himmel,
grün wird jedes Gras,
Regen fällt vom Himmel,
macht den Kindern Spaß.

Regen ist ein Besen,
fegt die Luft ganz rein,
springt auf unsre Nasen
und wäscht jeden Stein.

Sonne möchte schimmern,
’s wird was Schönes draus:
Regenbogen flimmern
über unserm Haus.

Sarah Kirsch

August

Es kommt eine Zeit
da wachsen die Bäume
in den Himmel
Die Blumen wollen so groß sein
wie Bäume
Der Himmel
hoch oben
hat Wolken

Es kommt eine Zeit
da gehen rote Pilze
durch den Wald
und schwarz gelackte Käfer

Da ist die Sonne so heiß
dass man sie nicht anfassen kann

Da wächst es rot an den Sträuchern
und blau an den Gräsern
Das sind die Tage der Beeren

Elisabeth Borchers

Die Sonnenblume

Über den Gartenzaun schob sie
ihr gelbes Löwenhaupt,
zwischen den Bohnen erhob sie
sich, gold und gelb überstaubt.
Die Sonne kreist im Blauen
nicht größer als ihr gelbes Rad
zwischen den grünen Stauden,
den Bohnen und jungem Salat.

Georg Britting

Septembermorgen

Im Nebel ruhet noch die Welt,
noch träumen Wald und Wiesen:
bald siehst du, wenn der Schleier fällt,
den blauen Himmel unverstellt,
herbstkräftig die gedämpfte Welt
in warmem Golde fließen.

Eduard Mörike

Wind, Wind, blase

Wind, Wind, blase!
Im Felde sitzt ein Hase.
Er frisst den schönen, fetten Kohl.
Wer jagt das kleine Häschen wohl?
Wind, Wind, blase!

Wind, Wind, wehe!
Im Walde sind zwei Rehe.
Das eine groß, das andre klein,
so geht es über Stock und Stein.
Wind, Wind, wehe!

Wind, Wind, brause!
Die Maus sitzt hinterm Hause.
Sie blinzelt da aus ihrem Loch,
die böse Katze fängt sie doch.
Wind, Wind, brause!

Wind, Wind, heule!
Im Dach wohnt eine Eule.
Die ärgert sich den ganzen Tag,
dass sie kein Mensch mehr leiden mag.
Wind, Wind, heule!

Wind, Wind, leise!
Ein Stern geht auf die Reise.
Und wer ihn sieht dort überm Baum,
dem schenkt er einen schönen Traum.
Wind, Wind, leise!

Gustav Sichelschmidt

Oktober

Es kommt eine Zeit
da fragen wir uns
Was soll denn nur werden

Die Luft schmeckt
so bitter

Die Vögel sind
über alle Berge

Der Nebel macht
die Häuser bleich

Die kleinen Tiere gehen
unter der Erde spazieren

Aufs Dach trommeln
Kastanien

Wir müssen ins Haus zurück
da hält uns der Regen gefangen

Elisabeth Borchers

Zwischen Herbst und Winter

Die Krähen stehn im Baum und frieren.
Das Laub
ist gelb geworden und ich glaub,
der Baum wird es verlieren.

Die süßen Zuckerrüben fahren
täglich in die Stadt.
Den frechen Staren, ganzen Scharen,
bleibt ein Kirschbaumblatt.

Die Störche sind auch abgereist,
eh sie den letzten Frosch verspeist.
In seinen Ufern ruht der See.
Erst gibt es Eis und später Schnee.

Der Sturm pflückt alle Äste leer,
er streut die Vögel wüst umher;
die Sterne tanzen, glitzern und
abends heult der Nebelhund.

Schnell rennt das Kind ins Dorf hinein,
da ihm die Ohren frieren;
es will am warmen Ofen sein.
Es schlägt voll Kraft das Brennholz klein
und schließt die Zimmertüren.

Sarah Kirsch

Sankt Martin ritt durch Schnee und Wind

Sankt Martin ritt durch Schnee und Wind,
sein Ross, das trug ihn fort geschwind.
Sankt Martin ritt mit leichtem Mut,
sein Mantel deckt ihn warm und gut.

Im Schnee da saß ein armer Mann,
hatt' Kleider nicht, hatt' Lumpen an.
„O helft mir doch in meiner Not,
sonst ist der bittre Frost mein Tod!"

Sankt Martin zieht die Zügel an,
das Ross steht still beim armen Mann.
Sankt Martin mit dem Schwerte teilt
den warmen Mantel unverweilt.

Sankt Martin gibt den halben still,
der Bettler rasch ihm danken will.
Sankt Martin aber ritt in Eil
hinweg mit seinem Mantelteil.

Unbekannter Verfasser

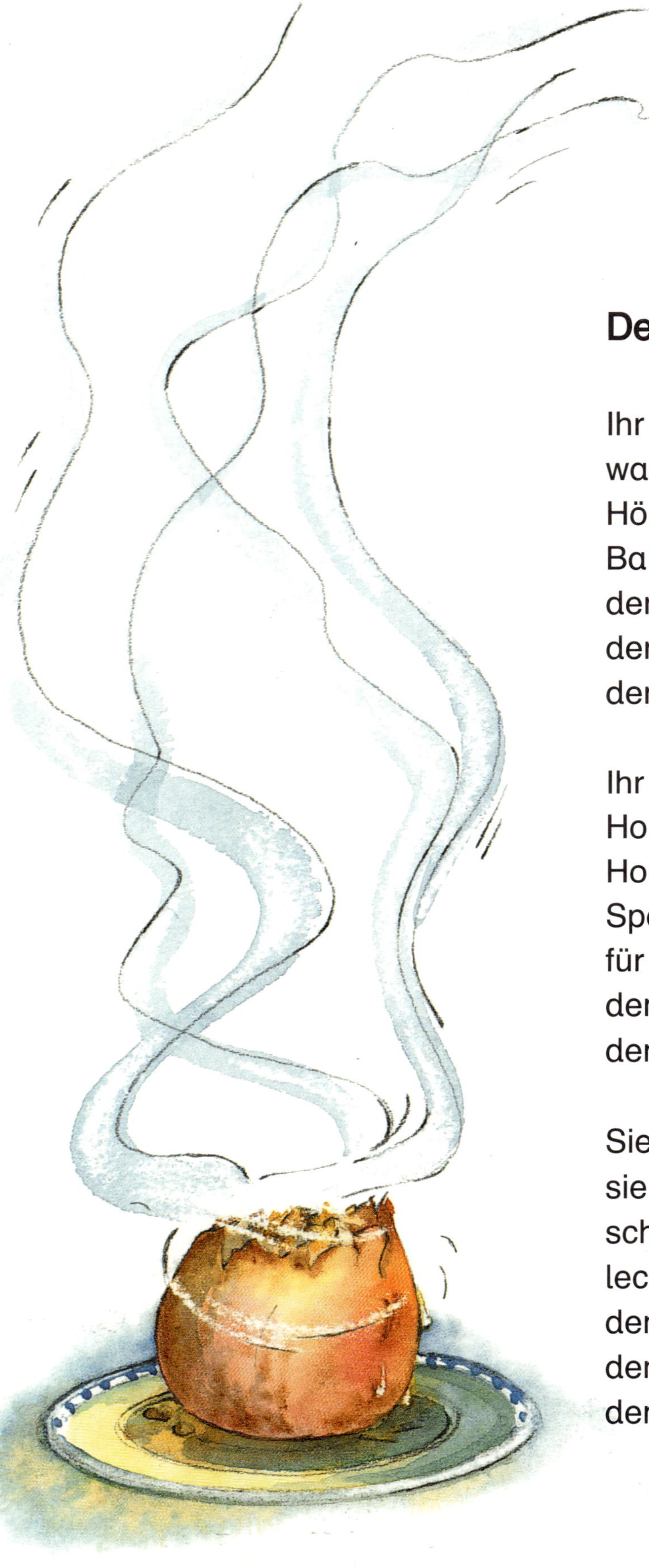

Der Bratapfel

Ihr Kinder, kommt und ratet,
was im Ofen bratet!
Hört, wie es knallt und zischt!
Bald wird er aufgetischt,
der Zipfel, der Zapfel,
der Kipfel, der Kapfel,
der gelbrote Apfel.

Ihr Kinder, laufet schneller!
Holt euch einen Teller!
Holt eine Gabel!
Sperrt auf den Schnabel
für den Zipfel, den Zapfel,
den Kipfel, den Kapfel,
den goldbraunen Apfel.

Sie pusten und sie prusten,
sie gucken und sie schlucken,
schnalzen und schmecken,
lecken und schlecken
den Zipfel, den Zapfel,
den Kipfel, den Kapfel,
den knusprigen Apfel.

Fritz und Emilie Kögel

Advent

Es treibt der Wind im Winterwalde
die Flockenherde wie ein Hirt,
und manche Tanne ahnt, wie balde
sie fromm und lichterheilig wird;
und lauscht hinaus. Den weißen Wegen
streckt sie die Zweige hin – bereit,
und wehrt dem Wind und wächst entgegen
der einen Nacht der Herrlichkeit.

Rainer Maria Rilke

Nikolaus, verrate mir, hast du auch eine Frau?
Zum Reden, Schmusen und zum Kuscheln
und zärtlich durch die Haare wuscheln?
Sag, kitzelt dein Bart bei jedem Kuss,
so dass deine Frau herzlich lachen muss?

Nikolaus, verrate mir, hast du vielleicht auch Kinder?
Mit denen du Kassetten hörst
und manchmal auch die Nachbarn störst?
Sind deine Kinder genau wie ich
oder immer lieb und ordentlich?

Nikolaus, verrate mir, hast du vielleicht ein Fahrrad?
Mit dem du durch die Matsche braust
und dich dabei total versaust?
Im Sommer, beim Radeln, behältst du auch dann,
Pelzstiefel, Mantel und Handschuhe an?

Nikolaus, verrate mir, putzt du dir gern die Zähne?
Ob du beim Haarewaschen schreist,
wenn Seife in den Augen beißt?
Mir kannst du's sagen, mir allein,
es soll unser Geheimnis sein!

KNISTER

Der Engel in dir
freut sich über dein
Licht
weint über deine Finsternis

Aus seinen Flügeln rauschen
Liebesworte
Gedichte Liebkosungen

Er bewacht
deinen Weg

Lenk deinen Schritt
engelwärts

Rose Ausländer

Die Weihnachtsmaus

Die Weihnachtsmaus ist sonderbar
(sogar für die Gelehrten),
denn einmal nur im ganzen Jahr
entdeckt man ihre Fährten.

Mit Fallen oder Rattengift
kann man die Maus nicht fangen.
Sie ist, was diesen Punkt betrifft,
noch nie ins Garn gegangen.

Das ganze Jahr macht diese Maus
den Menschen keine Plage.
Doch plötzlich aus dem Loch heraus
kriecht sie am Weihnachtstage.

Zum Beispiel war vom Festgebäck,
das Mutter gut verborgen,
mit einem Mal das Beste weg
am ersten Weihnachtsmorgen.

Da sagte jeder rundheraus:
Ich hab es nicht genommen!
Es war bestimmt die Weihnachtsmaus,
die über Nacht gekommen.

Ein andres Mal verschwand sogar
das Marzipan von Peter,
was seltsam und erstaunlich war,
denn niemand fand es später.

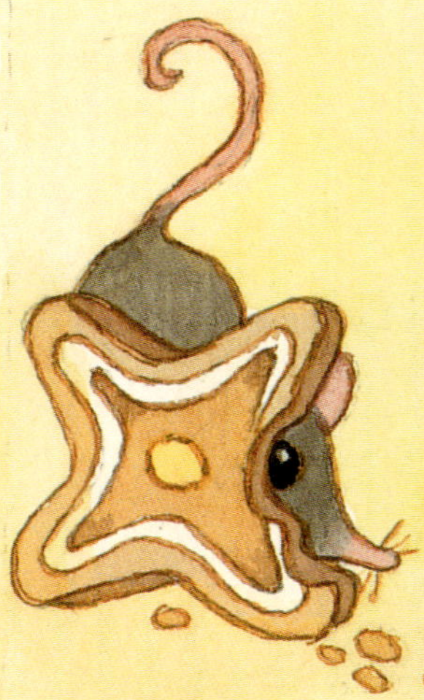

Der Christian rief rundheraus:
Ich hab es nicht genommen!
Es war bestimmt die Weihnachtsmaus,
die über Nacht gekommen!

Ein drittes Mal verschwand vom Baum,
an dem die Kugeln hingen,
ein Weihnachtsmann aus Eierschaum
nebst anderen leckren Dingen.

Die Nelly sagte rundheraus:
Ich habe nichts genommen!
Es war bestimmt die Weihnachtsmaus,
die über Nacht gekommen!

Und Ernst und Hans und der Papa,
die riefen: Welche Plage!
Die böse Maus ist wieder da,
und just am Feiertage!

Nur Mutter sprach kein Klagewort.
Sie sagte unumwunden:
Sind erst die Süßigkeiten fort,
ist auch die Maus verschwunden!

Und wirklich wahr: Die Maus blieb weg,
sobald der Baum geleert war,
sobald das letzte Festgebäck
gegessen und verzehrt war.

Sagt jemand nun, bei ihm zu Haus –
bei Fränzchen oder Lieschen –
da gäb es keine Weihnachtsmaus,
dann zweifle ich ein bisschen!

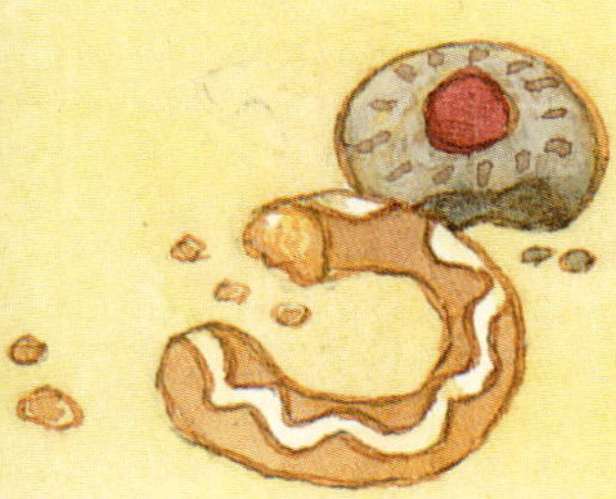

Doch sag ich nichts, was jemand kränkt!
Das könnte euch so passen!
Was man von Weihnachtsmäusen denkt,
bleibt jedem überlassen.

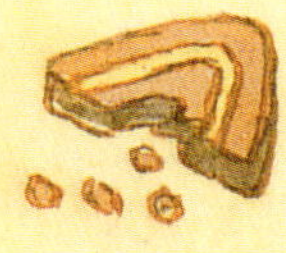

James Krüss

Die gute Nacht

Der Tag, vor dem der große Christ
Zur Welt geboren worden ist
War hart und wüst und ohne Vernunft.
Seine Eltern, ohne Unterkunft
Fürchteten sich vor seiner Geburt
Die gegen Abend erwartet wurd.
Denn seine Geburt fiel in die kalte Zeit.
Aber sie verlief zur Zufriedenheit.
Der Stall, den sie doch noch gefunden hatten
War warm und mit Moos zwischen seinen Latten
Und mit Kreide war auf die Tür gemalt
Dass der Stall bewohnt war und bezahlt.
So wurde es doch noch eine gute Nacht
Auch das Heu war wärmer, als sie gedacht.
Ochs und Esel waren dabei
Damit alles in Ordnung sei.
Eine Krippe gab einen kleinen Tisch
Und der Hausknecht brachte ihnen heimlich einen Fisch.
(Denn es musste bei der Geburt des großen Christ
Alles heimlich gehen und mit List.)
Doch der Fisch war ausgezeichnet und reichte durchaus
Und Maria lachte ihren Mann wegen seiner Besorgnis aus
Denn am Abend legte sich sogar der Wind
Und war nicht mehr so kalt, wie die Winde sonst sind.
Aber bei der Nacht war es fast wie ein Föhn.
Und der Stall war warm und das Kind war sehr schön.
Und es fehlte schon fast gar nichts mehr
Da kamen auch noch die Dreikönig daher!
Maria und Joseph waren zufrieden sehr.
Sie legten sich sehr zufrieden zum Ruhn
Mehr konnte die Welt für den Christ nicht tun.

Bertolt Brecht

Weihnachten

Liebeläutend zieht durch Kerzenhelle,
Mild, wie Wälderduft, die Weihnachtszeit,
Und ein schlichtes Glück streut auf die Schwelle
Schöne Blumen der Vergangenheit.

Hand schmiegt sich an Hand im engen Kreise,
Und das alte Lied von Gott und Christ
Bebt durch Seelen und verkündet leise,
Dass die kleinste Welt die größte ist.

Joachim Ringelnatz

Die Drei Könige

Drei Könige kommen gegangen
mit einer langen Stangen.
Es sind gar noble Herrn,
sie tragen einen Stern.

Der eine ist der Peter,
den kennt im Dorfe jeder.
Trägt eine goldne Kron
und ist des Müllers Sohn.

Der mit der Silberlitze
ist unsres Schneiders Fritze.
Trägt einen weißen Bart
von königlicher Art.

Der dritte mit dem Turban
ist Karl vom Schuster Urban.
Trägt goldne Ring im Ohr
und ist ein schwarzer Mohr.

Ein Schwarzer und zwei Weiße,
so gehn sie auf die Reise,
singen bald dort, bald hier.
Der Stern ist von Papier.

Sie singen vor den Toren,
die Ohren blau gefroren.
Der Wind weht bitterkalt,
das Königslied erschallt.

„Wir kommen aus dem Dunkel.
Der Stern hat ein Gefunkel.
Der Stern hat großes Licht.
Drum fürchten wir uns nicht.

Ihr Leut, gebt uns ein bisschen!
Ein Äpfelchen, ein Nüsschen!
Ein Scheiblein Birnenbrot!
Von jedem nur ein Lot!“

Sie singen unerschrocken,
sie heimsen ihre Brocken,
und Flocken hat's geschneit –
der Sternenweg ist weit.

Der Sternenweg ist bitter.
Die Kronen sind nur Flitter,
die Schuhe hab'n ein Loch –
Könige sind sie doch.

Rudolf Otto Wiemer

Weihnachten

Markt und Straßen stehn verlassen,
still erleuchtet jedes Haus.
Sinnend geh ich durch die Gassen,
alles sieht so festlich aus.

An den Fenstern haben Frauen
buntes Spielzeug fromm geschmückt;
tausend Kindlein stehn und schauen,
sind so wunderstill beglückt.

Und ich wandre aus den Mauern
bis hinaus ins freie Feld,
hehres Glänzen, heilges Schauern!
Wie so weit und still die Welt!

Sterne hoch die Kreise schlingen;
aus des Schnees Einsamkeit
steigt's wie wunderbares Singen –;
O du gnadenreiche Zeit!

Joseph von Eichendorff

Der Winter

Im Winter geht die Sonn'
Erst mittags auf die Straße
Und friert in höchstem Maße
Und macht sich schnell davon.

Ein Rabe stelzt im Schnee
Mit grau geschneitem Rücken,
In seinen Fußabdrücken
Sieht man jeden Zeh.

Der Winter ist voll Grimm.
Doch wenn die Mutter Geld hat
Und viel Briketts bestellt hat,
Dann ist er nicht so schlimm.

Peter Hacks

Der Winter

Die Pelzkappe voll mit schneeigen Tupfen,
behäng' ich die Bäume mit hellem Kristall.
Ich bringe die Weihnacht und bringe den Schnupfen,
Silvester und Halsweh und Karneval.
Ich komme mit Schlitten aus Nord und aus Ost.
Gestatten Sie: Winter. Mit Vornamen: Frost.

Mascha Kaléko

Ein großer Teich war zugefroren

Ein großer Teich war zugefroren,
die Fröschlein in der Tiefe verloren,
durften nicht ferner quaken noch springen,
versprachen sich aber, im halben Traum,
fänden sie nur da oben Raum,
wie Nachtigallen wollten sie singen.
Der Talwind kam, das Eis zerschmolz,
nun ruderten sie und landeten stolz,
und saßen am Ufer weit und breit
und quakten wie vor alter Zeit.

Johann Wolfgang von Goethe

Am 31. Februar

Am einunddreißigsten Februar
wird schwarze Tinte wie Wasser klar,
die Schnecken gewinnen gegen die Hasen
beim Wettlauf auf dem Stadionrasen,
aus Mauselöchern kommen Elefanten,
zur Schule gehen statt der Kinder die Tanten,
und Stühle gehen auf allen vieren
neben dem Zebrastreifen spazieren,
ein Bus sagt auf dem Gemüsemarkt
zu zwei Polizisten: „Hier wird nicht geparkt!"
Verkehrsschilder suchen sich ein Versteck,
im Supermarkt laufen die Kassen weg,
das Rathaus bekommt ein Nasenstüber,
es geht eben alles drunter und drüber –
denn faustdicke Lügen werden wahr
am einunddreißigsten Februar.

Hans Baumann

Baum des Lebens

Im Frühjahr zähl ich ruhelos die Tage
und spüre, wie das Leben neu in mir erwacht,
bin stolz, wenn ich die ersten Blüten trage,
die bald darauf die Sonne
zu reifen Früchten macht.

Im Sommer fange ich die Sonnenstrahlen,
und neben mir legt mancher seinen müden Kopf zur
Ruh.
Wenn meine Blätter Schattenbilder malen,
dann singen sie im Wind
und ich hör ihren Liedern zu.

Ich geb den Vögeln ihr Zuhaus,
die Bienen fliegen ein und aus,
wer zu mir kommt, macht seine Reise nicht vergebens.
Ich brauch die Erde, Luft und Licht,
und bis mein letzter Zweig zerbricht
bin ich für alle
der Baum des Lebens.

Im Herbst lass ich mich von den Stürmen biegen
und schenke dieser Welt die allerschönste
Farbenpracht.
Seh meine Blätter hoch im Winde fliegen
und weiß, dass ihre Freude
den Abschied leichter macht.

Im Winter trag ich Schnee auf meinen Zweigen
und spür die Ewigkeit in manchem stillen Augenblick.
Ich sammle neue Kraft in meinem Schweigen
und gebe sie bald wieder
tausendfach zurück.

Ich geb den Vögeln ihr Zuhaus,
die Bienen fliegen ein und aus,
wer zu mir kommt, macht seine Reise nicht vergebens.
Ich brauch die Erde, Luft und Licht,
und bis mein letzter Zweig zerbricht
bin ich für alle
der Baum des Lebens.

Rolf Zuckowski

Meine Mama
mag Mäuse.
Mich hat sie so lieb.
Manchmal sagt sie:
„Mein Mäuslein!"
Und ich sage:
„Piep!"

Ute Andresen

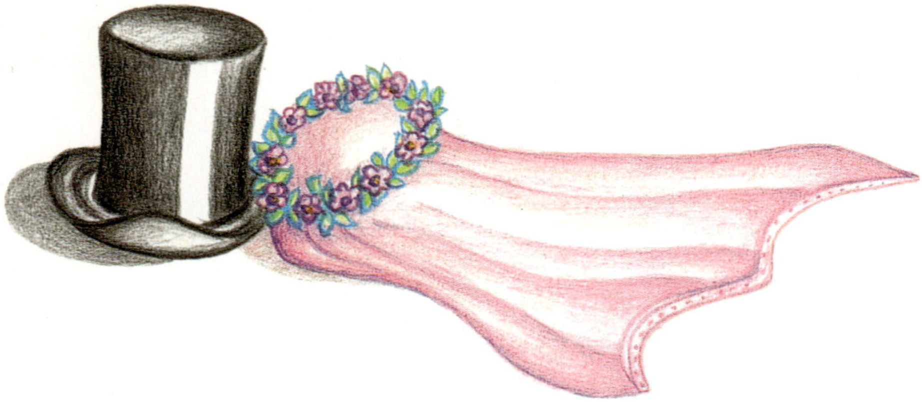

Bin ich der Bräutigam,
bist du die Braut,
fahr'n wir zur Kirche
und werden getraut.

Rutscht mir der Hut auch
und schlappen die Schuh –
die allerschönste Braut,
Liebchen, bist du.

Ute Andresen

Komm in mein Haus

Komm in mein Haus,
komm in mein kleines Haus.
Die Fenster stehn offen,
die Türe ist auf,
da schaun wir beide
von drinnen heraus.

Bruno Horst Bull

Wir

Ich bin ich und du bist du.
Wenn ich rede, hörst du zu.
Wenn du sprichst, dann bin ich still,
weil ich dich verstehen will.
Wenn du fällst, helf ich dir auf,
und du fängst mich, wenn ich lauf.
Wenn du kickst, steh ich im Tor,
pfeif ich Angriff, schießt du vor.
Spielst du pong, dann spiel ich ping,
und du trommelst, wenn ich sing.
Allein kann keiner diese Sachen,
zusammen können wir viel machen.
Ich mit dir und du mit mir –
das sind wir.

Irmela Brender

Ich freue mich, wenn ich dich seh
ich finde dich so nett,
ich schenke dir mein H und E
mein R und auch mein Z.

Frantz Wittkamp

Wen du brauchst

Einen zum Küssen und Augenzubinden,
einen zum Lustige-Streiche-Erfinden.
Einen zum Regenbogen-Suchen-gehn
und einen zum Fest-auf-dem-Boden-Stehn.
Einen zum Brüllen, zum Leisesein einen,
einen zum Lachen und einen zum Weinen.
Auf jeden Fall einen, der dich mag,
heute und morgen und jeden Tag.

Regina Schwarz

Du bist da und ich bin hier

Du bist da
und ich bin hier.
Du bist Pflanze,
ich bin Tier.
Du bist Riese,
ich bin Zwerg.
Du bist Tal
und ich bin Berg.
Du bist leicht
und ich bin schwer.
Du bist voll
und ich bin leer.
Du bist heiß
und ich bin kalt.
Du bist jung
und ich bin alt.

Du bist sie
und ich bin er.
Du bist Land
und ich bin Meer.
Du bist dunkel,
ich bin hell.
Du bist langsam,
ich bin schnell.
Du bist schmal
und ich bin breit.
Du bist Anzug,
ich bin Kleid.
Du bist einsam,
ich allein.
Komm, wir wollen
Freunde sein!

Frantz Wittkamp

Mein Gegenteil

Ich bin mir sicher,
es gibt einen,
der ist mein Gegenteil.
Der lacht,
wenn ich weine,
der ist satt,
wenn ich Hunger habe.
Der wird gestreichelt,
wenn ich geschlagen werde,
und ist gesund,
wenn ich krank bin.
Der hat alles,
was ich mir wünsche
und nie bekommen werde.
Der hat keine Angst,
wenn ich mich fürchte,
und einen Freund bei sich,
wenn ich allein bin.
Wenn der aber mein Gegenteil ist,
dann müßte er eigentlich tot sein,
wenn ich lebe!
Also gibt es ihn doch nicht.
Oder bin **ich** tot?

Christine Nöstlinger

Wunder des Alltags (1)

Manchmal, da habe ich eine Angst.
Manchmal, da habe ich einen Zorn.
Manchmal, da habe ich eine Wut.

Manchmal, da habe ich keine Freude.
Manchmal, da habe ich kein Vertrauen.
Manchmal, da habe ich keinen Mut.

Aber manchmal,
da kommt plötzlich jemand
und fragt mich: „Komm du, geht's dir nicht gut?"

Hans Manz

Aufpassen

Jeder muss lernen
sich anzupassen,
aber gleichzeitig
aufpassen,
dass er nicht verpasst
zu sagen:
Das passt mir nicht!

Hans Manz

Ich bin ein Wunder

Ich bin ein Wunder:
kann gehen
sehen
mich drehen
ganz wie ich will
kann lachen
Dummheiten
gar nichts machen
kann denken
schenken
ein Auto lenken
kann träumen
klettern in Bäumen
kann trinken
winken
mich wehren
mit Freunden
verkehren

Ich
du
er – sie – es
wir alle
sind Wunder

Klaus Kordon

Ich freu mich

Ich freu mich, dass ich Augen hab,
die alles ringsum sehn.
Freu mich, dass ich Füße hab,
wohin ich will zu gehn.
Freu mich über meine Ohren,
dass ich die Vögel hören kann –
und zieht der Kuchenduft ins Zimmer,
wie freut mich eine Nase dann.

Die Hände greifen, was ich will,
die Finger halten selten still –
und meine Haare kitzeln mich,
und was der Kopf denkt, spreche ich.

Lutz Rathenow

Wenn sich die Igel küssen

Wenn sich die Igel küssen,
dann müssen, müssen, müssen
sie ganz, ganz fein
behutsam sein.

Wenn sich die Störche küssen,
dann müssen, müssen, müssen
sie ganz, ganz fein
behutsam sein.

Wenn Elefanten küssen,
dann müssen, müssen, müssen
sie ganz, ganz fein
behutsam sein.

Wenn Stachelschweine küssen,
dann müssen, müssen, müssen
sie ganz, ganz fein
behutsam sein.

Wenn sich die Menschen küssen,
dann müssen, müssen, müssen,
sie auch ganz fein
behutsam sein.

Johannes Kuhnen

Der erste Schritt

Sabine mag den Stefan sehr
sie schaut hin
er schaut nicht her

Seit einer Woche geht das schon
da greift sie
zum Telefon

Sabine ruft den Stefan an
das hat sie
noch nie getan

Sie denkt bei sich: So sieht er nicht
wie ich rot bin
im Gesicht

Doch dafür sieht sie sein Gesicht
das auch so rot ist
leider nicht

Manfred Mai

Morgens und abends zu lesen

Der, den ich liebe
Hat mir gesagt
Dass er mich braucht.
Darum
Gebe ich auf mich Acht
Sehe auf meinen Weg und
Fürchte von jedem Regentropfen
Dass er mich erschlagen könnte.

Bertolt Brecht

Wunder des Alltags (3)

Ein Mädchen
war im Schwimmbad vom Brett gesprungen,
wieder hochgekommen
und hatte entsetzt den Mund aufgesperrt.
Es hatte bei seinem mutigen Sprung
den ersten Zahn verloren,
und der war ihm sehr viel wert.

Ein Junge,
dem's vor dem Wasser grauste,
war ins verhasste Bad gerutscht,
hatte den Kopf ins Nass getaucht
und gleich zu suchen begonnen.
Er war – mit der Hand am Grunde tastend –
dem Zahn bald auf die Spur gekommen.
Da hatten beide etwas gewonnen.

Hans Manz

Der Fuchs und die Trauben

Ein Fuchs, der auf die Beute ging,
fand einen Weinstock, der voll schwarzer Trauben
an einer hohen Mauer hing.
Sie schienen ihm ein köstlich Ding,
allein beschwerlich abzuklauben.
Er schlich umher, den nächsten Zugang auszuspähn.
Umsonst! Kein Sprung war abzusehn.
Sich selbst nicht vor dem Trupp der Vögel zu beschämen,
der auf den Bäumen saß, kehrt er sich um und spricht
und zieht dabei verächtlich das Gesicht:
„Was soll ich mir viel Mühe nehmen?
Sie sind ja herb und taugen nicht.“

Karl Wilhelm Ramler

Die Sache mit den Klößen

Der Peter war ein Renommist.
Ihr wisst vielleicht nicht, was das ist.
Ein Renommist, das ist ein Mann,
der viel verspricht und wenig kann.

Wer fragte: „Wie weit springst du, Peter?"
bekam zur Antwort: „ Sieben Meter."
In Wirklichkeit – Kurt hat's gesehn –
sprang Peter bloß drei Meter zehn.

So war es immer: Peter log,
dass sich der stärkste Balken bog.
Und was das Schlimmste daran war:
Er glaubte seine Lügen gar!

Als man einmal vom Essen sprach,
da dachte Peter lange nach.
Dann sagte er mit stiller Größe:
„Ich esse manchmal dreißig Klöße."

Die andern Kinder lachten sehr,
doch Peter sprach: „Wenn nicht noch mehr!"
„Nun gut", rief Kurt, „wir wollen wetten."
(Wenn sie das bloß gelassen hätten!)

Der Preis bestand, besprachen sie,
in einer Taschenbatterie.
Die Köchin von Kurts Eltern kochte
die Klöße, wenn sie's auch nicht mochte.

Kurts Eltern waren ausgegangen.
So wurde endlich angefangen.
Vom ersten bis zum fünften Kloß,
da war noch nichts Besondres los.

Die andern Kinder saßen stumm
um Peter und die Klöße rum.
Beim siebenten und achten Stück
bemerkte Kurt: „Er wird schon dick."

Beim zehnten Kloß ward Peter weiß
und dachte: Kurt erhält den Preis.
Ihm war ganz schlecht, doch tat er heiter
und aß, als ob's ihm schmeckte, weiter.

Er schob die Klöße in den Mund
und wurde langsam kugelrund.
Der Anzug wurde langsam knapp.
Die Knöpfe sprangen alle ab.

Die Augen quollen aus dem Kopf.
Doch griff er tapfer in den Topf.
Nach fünfzehn Klößen endlich sank
er stöhnend von der Küchenbank.

Die Köchin Hildegard erschrak,
als er so still am Boden lag.
Dann fing er grässlich an zu husten,
dass sie den Doktor holen mussten.

„Um Gottes willen" rief er aus,
„der Junge muss ins Krankenhaus."
Vier Klöße steckten noch im Schlund.
Das war natürlich ungesund.

Mit Schmerzen und für teures Geld
ward Peter wieder hergestellt.
Das Renommieren hat zuzeiten
auch seine großen Schattenseiten.

Erich Kästner

Ein Nasenhuhn

ein Nasenhuhn
ein Nasenzwerg
ein Nasenschwein
die gründeten
einen Verein

und als da kam
ein Ohrentier
da riefen sie:
„was willst du hier?“

ein Ohrenhuhn
ein Ohrenzwerg
ein Ohrenschwein
die gründeten
einen Verein

und als da kam
ein Nasentier
da riefen sie:
„was willst du hier?“

Jürgen Spohn

Im Land der Hinkenden

Vor Zeiten gab's ein kleines Land
worin man keinen Menschen fand,
der nicht gestottert, wenn er redte,
nicht wenn er ging, gehinket hätte,
denn beides hielt man für galant.
Ein Fremder sah den Uebelstand;
hier dacht er, wird man dich bewundern müssen
und ging einher mit steifen Füßen.

Er ging, ein jeder sah ihn an,
und alle lachten, die ihn sahn,
und jeder blieb vor Lachen stehen,
und schrie: Lehrt doch den Fremden gehen! –
Das Lärmen wird erst recht vermehrt
da man den Fremden sprechen hört;
man stammelt nicht? Ei, welche Schande!
Man spottet sein im ganzen Lande.

Christian Fürchtegott Gellert

Bekanntschaft

Wieso hast'n keine Arme?
    Hab ja welche.
Bloß, die sind künstlich.
    Funktionieren aber prima.
Mach ma was.
    Da.
Mensch. Tatsache.
    Sag ich doch.
Was issen, wenn de hinfällst?
    Steh ich wieder auf.
Kannste rennen mit den Dingern?
    Klar.
Los, krieg mich ma.
    Musst richtig rennen.
Wie richtig.
    Na, schnell.
Tu ich doch.
    Nee.
Nanu.
    Du nimmst Rücksicht.
Biste beleidigt?
    Wieso n?
Denn noch ma.

Wolfdietrich Schnurre

Liebe Aygün!

Schenk mir deine Wörter,
schenk sie mir bald.
Wörter für Himmel,
für Sonne und Wald.
Wörter für Wiesen
mit Blumen bestreut.
Wörter für Flüsse,
für unendlich weit.

Wörter für Schafe,
mit Fellen ganz dicht.
Wörter für Türme,
wie Glas so licht.
Wörter für Freundschaft,
für Frieden und Liebe
sind Wörter für Kinder,
für unsere Spiele.

Marianne Kreft

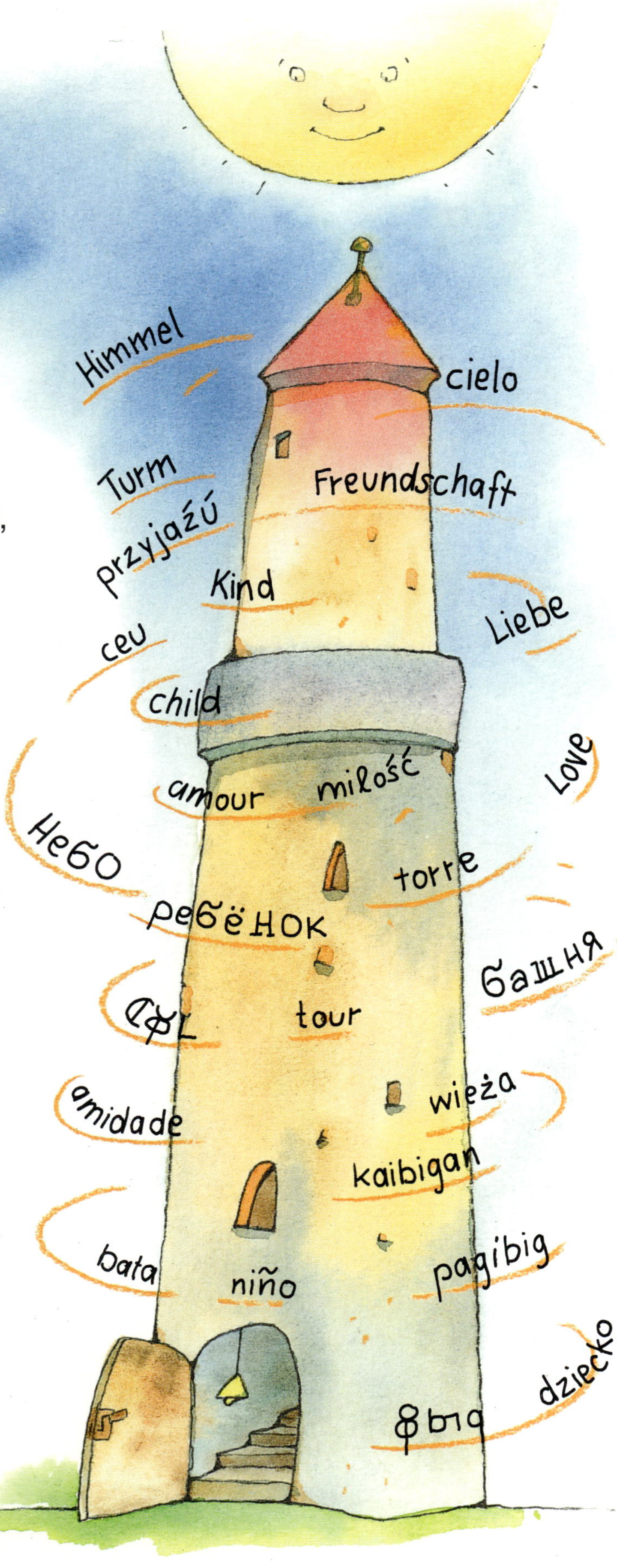

Uno, due, tre

Uno, due, tre.
Am Anfang sagt ich: Nee!
Carlo kann ich nicht verstehn,
wenn wir zwei zur Schule gehn.
Darum, für den Weg nach Haus,
such ich einen anderen aus.

Quattro, cinque, sei.
Der Carlo rief nur: „Hei!
Ich jetzt eure Sprache lern!
Du mir helfen? Bitte? Gern?“
Da hab herzlich ich gelacht
und mit Carlo Deutsch gemacht.

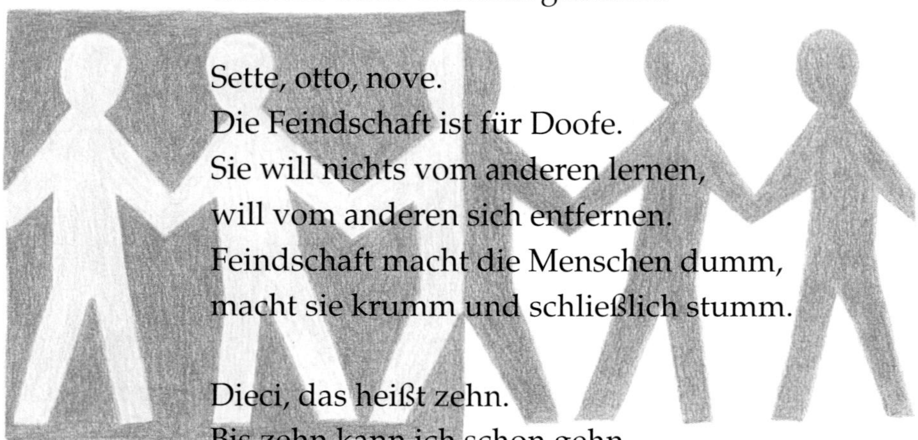

Sette, otto, nove.
Die Feindschaft ist für Doofe.
Sie will nichts vom anderen lernen,
will vom anderen sich entfernen.
Feindschaft macht die Menschen dumm,
macht sie krumm und schließlich stumm.

Dieci, das heißt zehn.
Bis zehn kann ich schon gehn,
kann schon italienisch zählen,
kann die richtge Pizza wählen,
kann auch Carlos Lieder singen
und ihn oft zum Lachen bringen.

Une, due, tre.
Sprachen tun nicht weh.
Wenn einer fremde Sprachen spricht,
dann verhöhnt und foppt ihn nicht.
Jeder kann – wir wollns bedenken –
in seiner Sprache uns beschenken.

Josef Reding

Du und ich

Du bist anders als ich,
  ich bin anders als Du,
Gehen wir
  aufeinander zu,
schauen uns an,
  erzählen uns dann
was Du gut kannst,
  was ich nicht kann,
was ich so treibe,
  was Du so machst,
worüber Du weinst,
  worüber Du lachst,
ob Du Angst spürst bei Nacht,
  welche Sorgen ich trag,
welche Wünsche Du hast,
  welche Farben ich mag,
was traurig mich stimmt,
  was Freude mir bringt,
wie wer was bei Euch kocht,
  wer was wie bei uns singt...
und plötzlich erkennen wir
  - waren wir blind?-
dass wir innen uns
  äußerst ähnlich sind.

Karlhans Frank

Irgendwer

Einer ist da, der mich denkt.
Der mich atmet. Der mich lenkt.
Der mich schafft und meine Welt.
Der mich trägt und der mich hält.
Wer ist dieser Irgendwer?
Ist er ich? Und ich bin Er?

Mascha Kaléko

Der tote Mann

Er ging fort von seinen Augen,
fort von seinem Mund,
ging von seinen Händen fort.

Wohin er ging?
Keiner kennt den Ort,
keiner kehrt zurück von dort.

Wir wissen nicht, wohin wir gehn,
wenn wir Augen, Mund und Hände
hier zurückgelassen haben.

Die uns liebten, werden sie
unter rosa Tausendschön
und Vergissmeinnicht begraben.

Reiner Kunze

Der Rauch

Das kleine Haus unter Bäumen am See.
Vom Dach steigt Rauch.
Fehlte er,
wie trostlos dann wären
Haus, Bäume und See.

Bertolt Brecht

Groß und klein

Du bist groß, ich bin klein.
Könnten wir Freunde sein?

Du hast ein Schloss, ich hab keins.
Oder ist dann deins auch meins?

Du bist allein, ich bin allein.
Wir könnten gut zusammen sein.

Monika Seck-Agthe

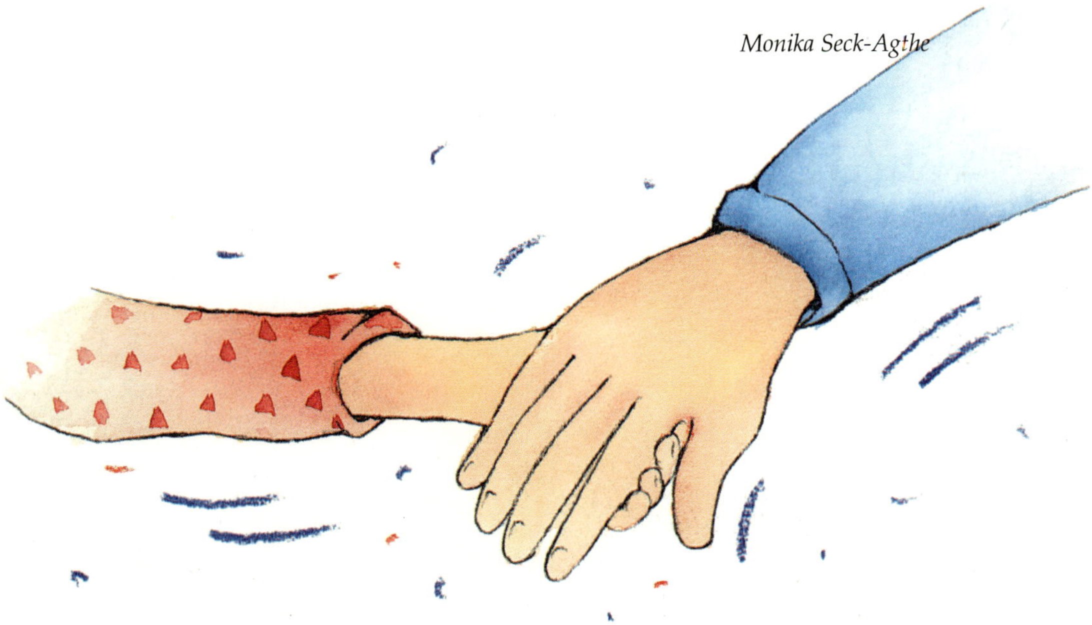

Am Morgen bin ich gerne klein
und schlüpf in Mutters Bett hinein.
Danach bin ich dann wieder groß
und frag die Welt: „Was ist heut los?“

Angela Sommer-Bodenburg

Leute

Kleine Leute, große Leute
gab es gestern, gibt es heute,
wird es sicher immer geben,
über, unter, hinter, neben

dir und mir und ihm und ihr:
Kleine, Große sind wie wir.
Größer als ein Großer kann
aber sein ein kleiner Mann.

Klein und groß sagt gar nichts aus,
sondern nur, was einer draus
für sich selbst und alle macht.
Darum habe darauf Acht:

Wer den andern hilft und stützt
und sich nicht nur selber nützt,
hat das richtige Format –
ob ein Zwerg er oder grad

lang wie eine Latte ist
oder einen Meter misst.
Kleine Leute, große Leute
gab es gestern, gibt es heute.

Günter Kunert

Wir werden immer größer

Wir werden immer größer,
jeden Tag ein Stück.
Wir werden immer größer,
das ist ein Glück.
Große bleiben gleich groß
oder schrumpeln ein:
Wir werden immer größer –
ganz von allein!

Wir werden immer größer,
das merkt jedes Schaf.
Wir werden immer größer –
sogar im Schlaf.
Ganz egal, ob's regnet,
donnert oder schneit:
Wir werden immer größer
und auch gescheit.

Wir werden immer größer,
darin sind wir stur.
Wir werden immer größer
in einer Tour.
Auch wenn man uns einsperrt
oder uns verdrischt:
Wir werden immer größer –
da hilft alles nicht.

Volker Ludwig

Katharina

Katharina, Katharine
schrieb auf einer Schreibmaschine
nachts um zwölf, als alles schlief,
an die Eltern diesen Brief:

Hans Manz

Kleine Frage

Glaubst du
du bist noch
zu klein
um große
Fragen zu stellen?

Dann kriegen
die Großen
dich klein
noch bevor du
groß genug bist

Erich Fried

Muttertag

Von allen Müttern auf der Welt
ist keine, die mir so gefällt
wie meine Mutter, wenn sie lacht,
mich ansieht, mir die Tür aufmacht.
Auch wenn sie aus dem Fenster winkt
und mit mir rodelt, mit mir singt
und nachts in Ruhe bei mir sitzt,
wenn's draußen wettert, donnert, blitzt,
und wenn sie sich mit mir versöhnt,
und wenn ich krank bin, mich verwöhnt –
ja, was sie überhaupt auch tut,
ich mag sie immer, bin ihr gut.

Und hin und wieder wundert's mich,
dass wir uns fanden – sie und ich.

Rosemarie Neie

Zum Muttertag

Wir wären nie gewaschen
und meistens nicht gekämmt,
die Strümpfe hätten Löcher
und schmutzig wär das Hemd,
wir äßen Fisch mit Honig
und Blumenkohl mit Zimt,
wenn du nicht täglich sorgtest,
dass alles klappt und stimmt.
Wir hätten nasse Füße
und Zähne schwarz wie Ruß
und bis zu beiden Ohren
die Haut voll Pflaumenmus.
Wir könnten auch nicht schlafen,
wenn du nicht nochmal kämst
und uns, bevor wir träumen,
in deine Arme nähmst.
Und trotzdem! Sind wir alle
auch manchmal eine Last:
Was wärst du ohne Kinder?
Sei froh, dass du uns hast.

Eva Rechlin

Wie man Muttis schnell zum „Kochen“ bringt

Eine Woche aus dem Haus:
Hu, wie sieht die Küche aus!
    Töpfe, Pfannen und Bestecke
    wuchern wild in jeder Ecke.
Küchenfliesen grau und speckig,
Küchenhandtuch kaffeefleckig.
    Essigflasche unverkorkt,
    Reibe – „unbekannt“ verborgt.
Abfallkorb zum Bersten voll.
Nicht ein Ding, wo es sein soll.
    Weinbespritzt die Damasttücher.
    Aus den Ritzen krabbeln Viecher!
Gläser, Teller, Untertassen
türmen sich in nassen Massen.
    Kurz: Ein Abwasch von drei Wochen!
    das bringt Muttis schnell zum „Kochen“.

Mascha Kaléko

Wenn meine Eltern streiten,
dann hätt ich gern viel Geld,
um einfach wegzureiten
bis an den Rand der Welt

Angela Sommer-Bodenburg

Seit Papa weg ist

Im Frühling schreibe ich Gedichte,
die sind ganz hellgrün
und buttergelb.
Ich glaube nie an die Geschichte,
dass oft im März noch Schnee fällt.

Im Sommer
denk ich hellblau,
Himmel, Wasser,
und spiel mich durch die Ferien.
Bei jedem Wetter
hab ich für mich Zeit.

Im Herbst
besuch ich Oma auf dem Lande,
es riecht nach Äpfeln, Heu und Most.
Im Herd brennt echtes Feuer,
wenn sie Kuchen backt.

Im Winter hab ich meine Freunde
im Hinterhof und vor dem Haus,
und fernsehn darf ich dann auch länger.
Vielleicht
kommt Papa ja zu Weihnachten
nach Haus.

Christine Haidegger

Scheidung

Der Vater
von Fred
und die
Mutter
von Fred
lassen sich
scheiden.
Sie sagen:
Wir können
das Leben
miteinander
nicht mehr
ertragen.
Ob die
beiden
auch Fred
mal fragen,
was er dazu
sagt?
Vielleicht
wird
die Scheidung
dann
um hundert
Jahre
vertagt!?

Josef Reding

Der Vater ist die Arbeit los

Der Vater ist die Arbeit los.
Der Vater sitzt zu Hause.
Er repariert das alte Rad.
Er repariert die Brause.

Er repariert die Küchenuhr.
Er repariert die Spüle.
Er repariert die Lampenschnur
und auch die Kaffeemühle.

Der Vater ist die Arbeit los.
Er repariert nicht weiter.
Er lacht nicht mehr. Wer macht uns bloß
den Vater wieder heiter?

Peter Maiwald

Fürchterlichkeiten

Der Wiedehopf, der Wiedehopf,
der spuckt gern in den Suppentopf.
Freut sich, wenn alle Gäste fluchen,
und tritt zum Spaß noch
in den Kuchen.

Rainer Hohmann

Warum sich Raben streiten

Weißt du, warum sich Raben streiten?
Um Würmer und Körner und Kleinigkeiten,

um Schneckenhäuser und Blätter und Blumen
und Kuchenkrümel und Käsekrumen

und darum, wer Recht hat und Unrecht, und dann
auch darum, wer schöner singen kann.

Mitunter streiten sich Raben wie toll
darum, wer was tun und lassen soll,

und darum, wer Erster ist, Letzter und Zweiter
und Dritter und Vierter und so weiter.

Raben streiten um jeden Mist.
Und wenn der Streit mal zu Ende ist,

weißt du, was Raben dann sagen?
Komm, wir wollen uns wieder vertragen!

Frantz Wittkamp

Nach einem Streit

Weißt du,
wie das ist
traurig zu sein,
sich ganz allein
zu fühlen?
Du gibst mir
nicht einmal einen Kuss,
sagst: »Schluss,
es ist Zeit schlafen zu gehn!«
Ich liege da
mit all meiner Wut.
Mir geht es nicht gut!

Regina Schwarz

Frieden

Frieden –
ein Wort nur?
ein Traum?
Frieden
ist machbar.
Ist teilbar?
wohl kaum.
Wer macht ihn?
Wer teilt ihn?
Wir – Ihr – Sie?
Wer sind die
ihn machen?
Wir alle
Du – ich – sie.
Wann?
        Jetzt
Wo?
        Hier.

Gerda Zorn

Der Frieden, Kind, der Frieden

Der Frieden, Kind, der Frieden,
du fragst, was das wohl sei.
Der Frieden ist der Frieden
und ist doch vielerlei.

Kann sein, er ist die Taube,
die Blume und der Fisch,
kann fliegen, wachsen, schwimmen
und kommt an unsren Tisch.

Kann sein, er ist ein Apfel,
ein Sonnenblumenkern,
der große Bär am Himmel,
ein kleiner Augenstern.

Kann sein, er ist ein Nachbar,
kommt manchmal zu Besuch.
Kann sein, er ist im Brunnen
und in dem Bilderbuch.

Kann sein, er ist ein Bäcker,
ein Riese und ein Zwerg –
und backt mit allen Kindern
den großen Kuchenberg.

Kann sein, er ist vertrieben
und viel zu oft allein,
er sucht bei uns die Bleibe
und will gehalten sein.

Der Frieden, Kind, der Frieden
hat auch nach dir gefragt.
Wirst du ihn leiden können,
was hast du ihm gesagt?

Hildegard Wohlgemuth

Der Frieden

Die Angst vor Streit und Hass und Krieg
lässt viele oft nicht ruhn.
Doch wenn man Frieden haben will,
muss man ihn selber tun.

Der Frieden wächst, wie Rosen blühn,
so bunt, so schön und still.
Er fängt bei uns Zuhause an,
bei jedem, der ihn will.

Von Frieden reden hilft nicht viel,
auch nicht, dass man marschiert.
Er kommt wie Lachen, Dank und Traum,
schon wenn man ihn probiert.

Man braucht zum Frieden Liebe,
natürlich auch Verstand,
und wo es was zu heilen gibt:
jede Hand.

Eva Rechlin

Bitten der Kinder

Die Häuser sollen nicht brennen.
Bomber sollt' man nicht kennen.
Die Nacht soll für den Schlaf sein.
Leben soll keine Straf' sein.
Die Mütter sollen nicht weinen.
Keiner sollt' müssen töten einen.
Alle sollen was bauen.
Da kann man allen trauen.
Die Jungen sollen's erreichen.
Die Alten desgleichen.

Bertolt Brecht

Humorlos

Die Jungen
werfen
zum Spaß
mit Steinen
nach Fröschen.
Die Frösche
sterben
im Ernst.

Erich Fried

Kein Krieg ist gerecht…

Kein Krieg ist gerecht.
Kriege sind schlecht,
sind Meere von Blut,
sind tödliche Glut,
sind Morden und Schändung,
Verbrechen, Verblendung.

Kein Krieg wendet Not,
kein Krieg verschafft Brot.
Am Krieg man verdirbt,
an Kriegen man stirbt.
Kriege verheeren,
Kriege zerstören.

Josef Reding

Wer warf die erste Atombombe?

Wer warf
die erste Atombombe?
Die Amerikaner.
Und wer wirft die letzte?
Das interessiert mich nicht.
Was interessiert dich dann?
Wer keine wirft.

Irmela Wendt

Über einige Davongekommene

Als der Mensch
unter den Trümmern
seines
bombardierten Hauses
hervorgezogen wurde,
schüttelte er sich
und sagte:
Nie wieder.

Jedenfalls nicht gleich.

Günter Kunert

Grieselbach-Gedicht

Wasser rinne nicht so schnell davon,
bleibe länger bei uns.
Durch Bäume, durch Wiesen, durch Auen,
wie du, Wasser, fließt, ist es gut.
Der Weg, den du, ganz von selbst, nimmst,
ist der schönste Weg.

Friedensreich Hundertwasser

Können Küchenherde fliegen?

Wie ist die Flasche aus dem Laden
in den grünen Wald geraten?
Fiel sie aus Rotkäppchens Körblein
und ein Häschen trank den Wein?

Wie kam der Stuhl aus Schulzes Wohnung
hier in diese Kiefernschonung?
Ist er gelaufen? Ganz alleine?
Denn immerhin hat er drei Beine.

Ja, fraßen dort vielleicht zwei Füchse
die Ölsardinen aus der Büchse?
Und ein Specht hat über Nacht
klopf-klopf die Büchse aufgemacht?

Wem, zum Kuckuck, welcher Wachtel
gehörte die Pralinenschachtel?
Ist sie vielleicht der letzte Rest
von einem Rehgeburtstagsfest?

Und wer ließ die Zeitung liegen
in dem schönen, weichen Moos,
ist das noch herauszukriegen,
welches Wildschwein war das bloß?

Können Küchenherde fliegen?
War es diesmal umgekehrt:
Der Rauch blieb in der Küche liegen
und aus dem Schornstein flog der Herd?

Und es sprach ein Baum zum andern:
Lasst uns aus den Wäldern wandern,
gehen wir nun als Belohnung
zu den Leuten in die Wohnung,

gehen wir zu diesen allen,
lassen über ihren Betten
Nadeln und die Blätter fallen,
dann begreifen die was, wetten?

Gerd Eggers

Die Wolke

Es ist eine Wolke
übers Land gegangen,
da ließen die Blumen
die Köpfe hängen.

Es hat gelber Regen
in den Bäumen gesessen,
da haben die Vögel
ihr Lied vergessen.

Es wehte ein Windstoß
auf Kräutern und Steinen,
da wollte der Sonne
Schein nicht mehr scheinen.

Es wurde das Waldlaub
wie Staub so trocken,
da sind die Menschen
zu Tode erschrocken.

Rudolf Otto Wiemer

Nun aber ist zu berichten

Nun aber ist zu berichten
von den Buchen und Fichten,
dass sie sich langsam lichten.

Wir schauen den Bäumen beim Sterben zu.

Die Nadeln, die Blätter werden fahl.
Die Bäume, die prangenden, werden kahl.
Ewige Waldwelt: Es war einmal.

Über allen Wipfeln Friedhofsruh.

Wald: Bruder Abel du.

Josef Guggenmos

Der Pflaumenbaum

Im Hofe steht ein Pflaumenbaum,
der ist klein, man glaubt es kaum.
Er hat ein Gitter drum,
so tritt ihn keiner um.

Der Kleine kann nicht größer wer'n.
Ja, größer wer'n, das möcht er gern.
's ist keine Red davon,
er hat zu wenig Sonn.

Den Pflaumenbaum glaubt man ihm kaum,
weil er nie eine Pflaume hat.
Doch er ist ein Pflaumenbaum.
Man kennt es an dem Blatt.

Bertolt Brecht

Warum

Die Ringelnatter
auf dem Waldeshügel
lag wie ein Fragezeichen so krumm.
Sie dachte: Warum
sind die Menschen so dumm?

Alle Pilze, die sie nicht kennen,
stoßen sie um.
Alle Blumen, die schönsten,
rotten sie aus.
Und mich – o hätte ich Flügel! –
schlagen sie tot mit dem Prügel.

Josef Guggenmos

Der Fluss

Unsre Stadt hat einen Fluss
weil ein Fisch den haben muss.
Kinder haben ihn auch gern:
man kann Steine plumpsen hörn.

Doch die Schwefelstoff-Fabrik
hat ein Abflussrohr ganz dick.
Fische halten sich den Bauch
und die Kinder schimpfen auch.

Niemand wirft mehr einen Stein.
Niemand will ein Fisch mehr sein.
Überall ist ein Gestank,
der macht alle Kinder krank.

Und Herr Müff der Schwefelherr
lacht nur und sagt: bitte sehr!
Ich bin halt ein reicher Mann,
der den Fluss verpesten kann.

Doch die Kinder lassen sich
und die Fische nicht im Stich.
Alle malen ein Plakat
dass Müff zu verduften hat.

Ob der Müff noch länger bleibt,
Fisch und Kinder flussweg treibt,
kommt auf alle Kinder an,
Mütter auch und jedermann.

Peter Maiwald

Störendes Lied

Und eines Tages brannten die Berge,
brannten die Felsen zu Staub ganz und gar.
In alle Täler flossen die Meere,
bis zwischen Wasser und Glut nichts mehr war.

Und alle Vögel wurden zu Fischen
und alle Fische flohen hinab.
Bäume und Gräser wurden zu Asche,
fanden am Himmel ein rauchiges Grab.

In allen Wassern spiegelten Feuer
und alle Wasser fuhren hinauf.
Zwischen den Wolken aus Asche und Tränen
ging keine tröstliche Sonne mehr auf.

Aber die Erde war hell von den Flammen,
war von dem Spiegel der Wasser erhellt.
Unter dem Schweigen der anderen Sterne
brannte die Erde sich selbst aus der Welt.

Heinz Kahlau

W ipp e

Warte ein Weilchen –
auf geht es
und nieder.
Warte ein Weilchen –
gleich
schwebst du wieder.

Ute Andresen

Die Brücke

Worte Worte Worte
Worte Worte Worte Worte
Worte Worte
Worte Worte
Worte Worte
ICH Worte Worte DU

Renate Welsh

Ein Schneckenreim

Im runden Haus von einer Schnecke gibts viele Kurven doch keine Ecke vorne aus dem Schneckenhaus schaut die kleine Schnecke raus 

Paul Maar

PPE
TRE
PPE
TRE
PPE
TRE

DICK

d ü n n

L A N G

verbiegen

rundrundrundrund

HUT
HUT
HUT
HUTHUTHUT

W
A
N
D
KOPF
W
A
N
D

Mit dem Kopf durch die Wand

BUTTER BUTTER BUTTER
BUTTER BUTTER BUTTER
BUTTER alles BUTTER BU
BUTTER BUTTER BUTTER
BUTTER BUTTER BU
BUTTER BUTTER BUT

Alles in Butter

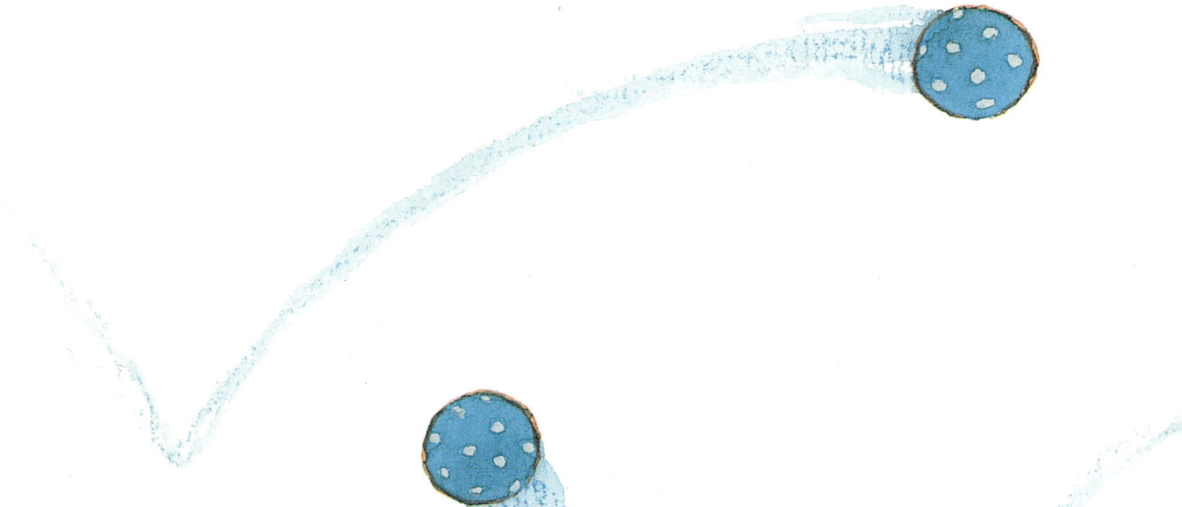

Mein Ball

ein Ball
zeigt, was er kann,
hüpft
hoch wie ein Mann,
dann
hoch wie eine Kuh,
dann
hoch wie ein Kalb,
dann
hoch wie eine Maus,
dann
hoch wie eine Laus
dann
ruht er sich aus.

Josef Guggenmos

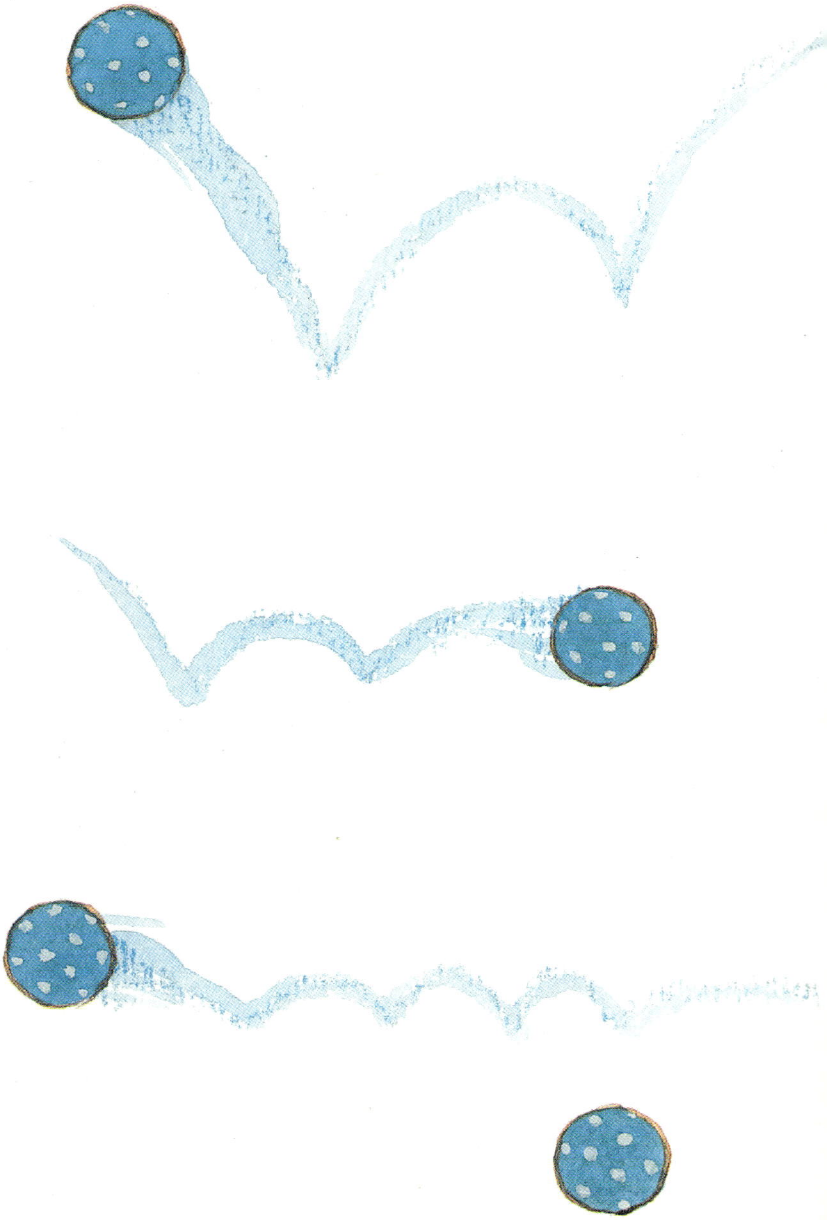

AEIOU

Tante Klara macht am Abend
manchmal sich ein warmes Bad,
radelt gern und mag Bananen
oder Ananassalat.

Besengret, die Wetterhexe,
hext den Regen, hext den Schnee,
fegt auf ihrem Hexenbesen
über Felder, Berg und See.

Zipf und Kipf, die beiden Wichtel,
sitzen schon seit Viertel vier
auf dem Fliegenpilz und trinken
Wichtelwein und Wichtelbier.

Oben jodelt, oh wie komisch,
Onkel Otto aus Tirol,
hat ein Loch im Hosenboden
und kocht morgen Rosenkohl.

Unten schlurft durch dunkle Stube
Urgroßmutter Uhlenfuß,
brummt und braut Rapunzelsuppe
Wurzelwein und Gurkenmus.

Werner Halle

Vierzig persische Pfirsiche

Zum Verrücktwerden

Vierzig persische Pfirsiche
Pfierzig versische Pirsiche
Pirzig pfersische Viersiche
Persig vierziche Pfirsische
Versisch pfiersige Pirziche
Pfersisch pirziche Viersige
Viersisch pfersiche Pirzige
Pirsisch viersiche Pfersige
Persich pfierzige Virsische
Verzig pfirsiche Piersische
Pfirsich vierzige Persische
Viersisch perziche Pfirsige
Pierzig pfirsische Versiche
Versisch piersiche Pfirzige
Pirzich versige Pfiersische
Pirsig pfiersiche Verzische
Verzisch pfirsige Piersiche
Pfiersisch versiche Pirzige
Pirsich pfersische Vierzige
Pfirzisch piersiche Persige
Pierzich pfersige Virsische
Pferzig pirsische Viersiche
Piersich pfirzische Versige
Versig pfirsiche Pierzische
Pierzisch virsiche Pfersige
Verzich pirsische Pfiersige
Viersig pferzische Pirsiche
Pfierzisch virsige Persiche
Persisch pfirsige Vierziche
Virsich perzige Pfiersische
Pfirzich viersische Perzige
Perzisch pfierzige Virsiche
Pfiersich verzige Pfirsische
Pferzisch viersiche Pirsige
Virsisch persiche Pfierzige
Pfersich piersische Virzige
Virzisch piersige Pfersiche
Virsig pfiersische Perziche
Viersisch pirsiche Pfersige
Pferzisch virsiche Piersige

Wolfdietrich Schnurre

Ein Hase saß auf einer Bank.
Sein kleines a war etwas krank.
Doch kamen Boote dort vorbei,
die hatten von dem o gleich zwei.
Rasch halfen sie dem Hasen aus,
der Bote trug das a nach Haus.
Der Hase staunte wunderbar,
dass er nun eine Hose war.

Herbert Friedrich

Das geht nicht!

Ins »Wort mit o« möchtest du gehn
und dir den neuen Film ansehn?
Aber »Wort mit d«! Du bist noch zu klein,
man lässt dich sicher nicht hinein!

Ulla Leippe

UDAKAK · LIDOKORK

Ein großes grünes Lidokork,
Das badete im Nil.
Dann stieg es rückwärts aus dem Fluss
– und war ein Krokodil.
Da rennt zum kleinen Udakak
Das grüne Ungetüm.
„Flieg rückwärts aus dem Wald heraus!"
Befiehlt es ungestüm.
Der Kleine schüttelte den Kopf.
Er war zu faul dazu.
Drum wurde aus dem Udakak
Niemals ein Kakadu.

Paul Maar

ANNA versteckt sich

ANNA hat sich heute Nacht
ein Versteckspiel ausgedacht:
Das wird lustig, denkt sie, denn
hinter einem Zaun aus N
kann ich gut verschwinden,
keiner wird mich finden!

NNNNNNNNNNNANNANNNNNNNNNN

Doch sie hat sich kaum versteckt,
da hat Karl sie schon entdeckt,
weil man ihre beiden A
durch den N-Zaun deutlich sah.

Hans Georg Lenzen

CONRADS Reise

CONRAD kommt an einen Fluss,
den er überqueren muss.
CONRAD nimmt das C als Steg
und geht weiter seinen Weg.

ONRAD – denn so heißt er jetzt –
hat die Reise fortgesetzt.
Kommt der Wolf, das Ungetüm,
wirft er gleich das N ihm hin.

An den Felsen geht's nicht weiter,
ORAD nimmt das A als Leiter.
CONRAD heißt jetzt nur noch ORD,
doch er wandert weiter fort.

Schließlich kommt er an den See.
ORD steigt in das große D,
rudert mit dem R zurück,
bis nach Haus, das ganze Stück.

Vor der Tür steht CONRAD so
nur noch mit dem großen O.
Ruft der Vater aus dem Haus:
CONRAD! O, wie siehst du aus!

Hans Georg Lenzen

Ver rückt

Gibt es bald	
Jubel um den	Krieg bei uns?
Große Wut auf	Weltmeister!
Wer ermordete	die Steuererhöhung!
Zuchthaus für	den Bankdirektor?
Hoher Orden an	den Kindesentführer!
Anschlag auf	einen großen Dichter!
Überfall auf	den deutschen Wald!
Alle lieben	eine Tankstelle!
Wer öffnete	Miss Germany!
Die Grünen in	den Geheimsafe?
Neue Mode in	den Bundestag!
Wer erwürgte	München!
Nobelpreis für	den Landstreicher?
Popstar singt	Physik an uns!
Feiner Käse	im Fernsehen!
Ohrfeige	aus der Schweiz!
Der Frühling	bewirkt Mordanschlag!
Der Wohlstand	zieht ins Land!
Der Frieden	hat ein Ende!
Katastrophe	wird ersehnt!
	noch einmal abgewendet!

Alfons Schweiggert

Tiger-Jagd

Wer Lust hat, kann an Regentagen
auch hierzulande Tiger jagen.

Es lohnt zum Beispiel der Versuch
der Tigerjagd im Wörterbuch.

Dort spielt der Tiger mit den Jungen
im Quellgebiet der Steigerungen:

Ein **Lus-Tiger**,
ein **Präch-Tiger**,
ein **Läs-Tiger**,
ein **Mäch-Tiger**,

ein **Hef-Tiger**,
ein **Gran-Tiger**,
ein **Bors-Tiger**,
ein **Kan-Tiger**,

ein **Kräf-Tiger**,
ein **Saf-Tiger**,
ein ganz und gar **Wahrhaf-Tiger**,

ein **Ar-Tiger**,
ein **Bär-Tiger**,
und manchmal ein **Verfer-Tiger**

von Bildern und Geschichten,
der so ein Spiel erfinden kann,
von dem wir hier berichten.

Man braucht zu dieser Tigerjagd
kein Netz und kein Gewehr,

und wer ein bisschen überlegt,
der findet noch viel mehr.

Hans Georg Lenzen

Kleiner Unsinn

Wernichtrichtiglesenkann
fangnochmalvonvornean
dennichschreibehierdieworte
andersalsmanseuchgelehrt
zwarnichtunbedingtverkehrt
sonderneinfachaneinander
dassmansienichtgleicherkennt
auchwennihrdasunsinnnennt
docheinkleinerunsinnmacht
dassmangerndarüberlacht.

Gottfried Herold

Der verdrehte Schmetterling

Ein Metterschling
mit flauen Blügeln
log durch die Fluft.

Er war einem Computer entnommen,
dem war was durcheinander gekommen,
irgendein Drähtchen,
irgendein Rädchen.
Und als man es merkte,
da war's schon zu spätchen,
da war der Metterschling
schon feit wort,
wanz geit.

Mir lut er teid.

Mira Lobe

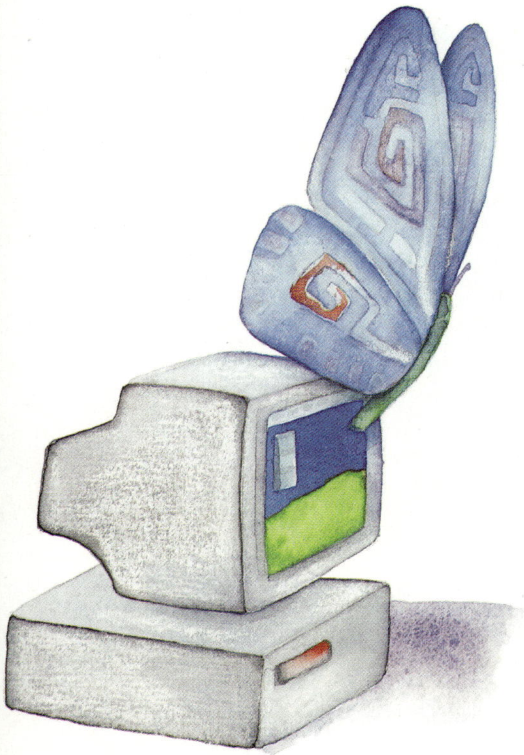

Neue Bildungen, der Natur vorgeschlagen

Der Ochsenspatz
Die Kamelente
Der Regenlöwe
Die Turtelunke
Die Schoßeule
Der Walfischvogel
Die Quallenwanze
Der Gürtelstier
Der Pfauenochs
Der Werfuchs
Die Tagtigall
Der Sägeschwan
Der Süßwassermops
Der Weinpinscher
Das Sturmspiel
Der Eulenwurm
Der Giraffenigel
Das Rhenozeponny
Die Gänseschmalzblume
Der Menschenbrotbaum.

Christian Morgenstern

Eins zwei drei

Eins zwei drei,
alt ist nicht neu,
neu ist nicht alt,
warm ist nicht kalt,
kalt ist nicht warm,
reich ist nicht arm.

Eins zwei drei,
alt ist nicht neu,
arm ist nicht reich,
hart ist nicht weich,
frisch ist nicht faul,
Ochs ist kein Gaul.

Eins zwei drei,
alt ist nicht neu,
sauer ist nicht süß,
Händ sind keine Füß,
Füß sind keine Händ,
's Lied hat ein End.

Unbekannter Verfasser

Selbstportrait

ich stehe stundenlang
vorm Spiegel und
wunder mich, daß
ich ich
bin

Frederike Frei

Rechnen

Wenn Hasenkinder
rechnen üben
dann tun sie das
mit gelben Rüben:
Drei und drei
und eins
ist süben

Jürgen Spohn

Morgens früh um sechs

Morgens früh um sechs
kommt die kleine Hex;
morgens früh um sieben
schabt sie gelbe Rüben;
morgens früh um acht
wird der Kaffee gemacht;
morgens früh um neune
geht sie in die Scheune;
morgens früh um zehne
holt sie Holz und Späne;
feuert an um elfe,
kocht sie bis um zwölfe
Fröschebein und Krebs und Fisch.
Hurtig, Kinder, kommt zu Tisch!

Unbekannter Verfasser

Hochzeit

In einem
GUMMI-
BÄRCHEN-
MÄRCHEN
wird aus dem
GUMMI-
BÄRCHEN-
KLÄRCHEN
und
GUMMI-
BÄRCHEN-
OTTOKÄRCHEN
ein
GUMMI-
BÄRCHEN-
MÄRCHEN-
PÄRCHEN

Jürgen Spohn

Himpelchen und Pimpelchen

Himpelchen und Pimpelchen,
die gingen auf einen Berg.
Himpelchen war ein Heinzelmann,
und Pimpelchen war ein Zwerg.
Sie blieben lange da oben sitzen
und wackelten mit den Zipfelmützen.
Doch nach fünfundsiebzig Wochen
sind sie in den Berg gekrochen,
schlafen da in guter Ruh,
seid mal still und hört mal zu.

Unbekannter Verfasser

Herr Dickbauch und Frau Dünnebein

Es war einmal ein dicker Mann,
der aß nur süßes Marzipan.

Doch seine Frau aß Saures nur
und war so dünn wie eine Schnur.

Er blies am frühen Morgen schon
mit vollen Backen Saxofon.

Sie zupfte Harfe stundenlang,
wozu sie zarte Lieder sang.

Er fühlte sich am See gesund
und tauchte kühn bis auf den Grund.

Sie konnte keine Wellen sehn
und kletterte auf Bergeshöhn.

Er fuhr im Auto nur herum,
die Augen stier, die Lippen stumm.

Sie schwang sich lieber auf ein Rad
und kannte jeden Wiesenpfad.

Er schenkte ihr mit viel Genuss
stets einen langen Morgenkuss.

Das aber machte ihr Verdruss,
sie liebte nur den Abendkuss.

Und doch vertrugen sie sich gut
und kamen unter einen Hut.

Alfred Könner

Zauberspruch für alle Fälle

Ohne Zittern,
ohne Zagen
dreimal „Hokuspokus“ sagen,
dreimal mit dem Kopfe nicken,
dreimal um die Ecke blicken,
dreimal trocken runterschlucken,
dreimal mit der Nase zucken,
dreimal mit dem Fuße wippen,
dreimal mit dem Finger schnippen,
dreimal fest die Daumen drücken –
diesmal soll mir alles glücken!

Ute Andresen

Manchmal

An manchen Tagen
geht nichts zusammen:
Da bellt die Maus
Da kräht der Frosch
Da muht das Schwein
Da fiept der Hund
Da quakt der Hahn
Da quiekt das Huhn
Da zirpt die Ziege
Da meckert die Meise
Da gackert die Katze
Da zwitschert die Kuh

Jürgen Spohn

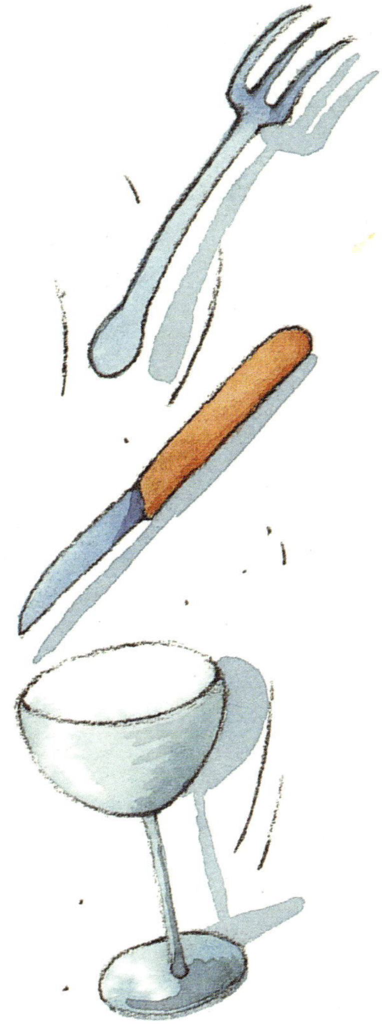

Beim Geschirrabtrocknen

Nass nass nässer
Gut gut besser
Ich die Gabel, du das Messer

Hell hell heller
Schnell schnell schneller
Ich die Gläser, du die Teller

Nass nass nässer
Gut gut besser
Hell hell heller
Schnell schnell schneller

Klirr Klack Klick
Klick Klack Klirr
Hin ist das Geschirr!

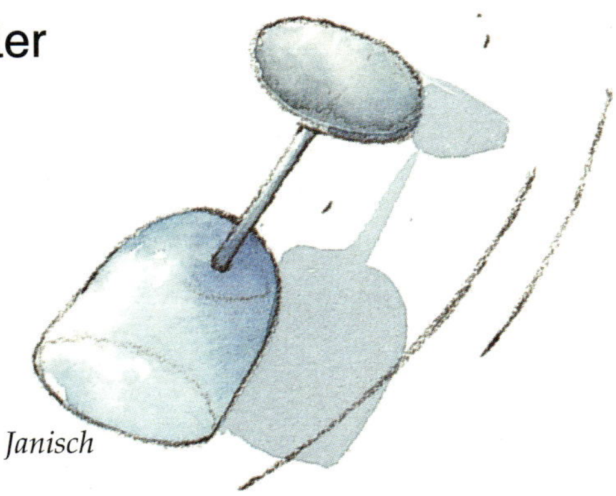

Heinz Janisch

Wer war's?

Meine Mu, meine Mu,
meine Mutter hat gesagt,
dass der Ku, dass der Ku,
dass der Kuchen angenagt
und zerbröckelt
und verkleckelt
in der Speisekammer wär,
und der Tä und der Tä,
und der Täter sollte her.
Wer's wirklich war,
verrat ich nicht,
sonst springt mir Mieze
ins Gesicht.

Christa Zeuch

Itzli – pitzli – Rabenfuß
Rate mal, wer suchen muss!
Itzli – pitzli – buh,
Nämlich du!

Volksgut

Himmel Hölle
Wurst mit Pelle
Pustekuchen –
du musst suchen.

Janosch

Ene, bene, subtrahene,
divi, davi, domino,
Eck, Speck, Dreck
und du bist weg.

Volksgut

Hokuspokus Kokosnuss
Hexenzwirn und Löwenfuß
Entenschwanz und Nudelmann –
der – ist – dran.

Janosch

Auf dem Berge Sinai
wohnt der Schneider Kikriki,
guckt mit seiner Brill heraus,
1, 2, 3 und du bist aus!

Volksgut

Zwölf Schubladen

Es gingen drei Kinder
durch den Wald.
Die Kinder waren jung,
der Wald war alt.

Da haben die drei
unter Fichten versteckt
ein steinernes
uraltes Haus entdeckt.

Sie klopften an.
Kein Mensch rief herein.
Da fassten sie Mut
und traten doch ein.

Sie blickten sich
in der Stube um.
Da sahen sie stehen,
verstaubt und stumm:

Eine uralte Uhr,
eine uralte Bank,
einen uralten Tisch,
einen uralten Schrank.

Der Schrank war
wie der Himmel blau
und hatte Schubladen,
zwölf genau.

In der ersten lag
ein gläserner Ball,
in der zweiten ein Posthorn
aus gelbem Metall.

in der dritten
ein Männlein aus Elfenbein,
in der vierten
ein Ring mit grünem Stein.

In der fünften lag
ein vertrockneter Strauß,
aus der sechsten sprang
eine silbrige Maus.

In der siebten lag
ein zerbrochener Krug,
in der achten ein Bild:
braune Adler im Flug.

In der neunten lag
ein Gewicht aus Blei,
die zehnte
war voll von allerlei.

In der elften lag
ein Seidentuch,
in der zwölften ruhte
ein uraltes Buch.

Auf dem Buch
stand geschrieben:

Nimm und lies

Sie schlugen das Buch auf,
da lasen sie dies:

Es gingen drei Kinder
durch den Wald.
Die Kinder waren jung,
der Wald war alt.

Josef Guggenmos

Die Schatzgräber

Ein Winzer, der am Tode lag,
rief seine Kinder an und sprach:
„In unserm Weinberg liegt ein Schatz;
grabt nur danach!“ – „An welchem Platz?“,
schrie alles laut den Vater an. –
„Grabt nur!“ – O weh, da starb der Mann.

Kaum war der Alte beigeschafft,
so grub man nach aus Leibeskraft.
Mit Hacke, Karst und Spaten ward
der Weinberg um und um gescharrt.
Da war kein Kloß, der ruhig blieb;
man warf die Erde gar durchs Sieb
und zog die Harken kreuz und quer
nach jedem Steinchen hin und her.
Allein da ward kein Schatz verspürt,
und jeder hielt sich angeführt.

Doch kaum erschien das nächste Jahr,
so nahm man mit Erstaunen wahr,
dass jede Rebe dreifach trug.
Da wurden erst die Söhne klug
und gruben nun jahrein, jahraus
des Schatzes immer mehr heraus.

Ihr Leutchen, Schätzegräberei
ist just nicht immer Narretei.

Gottfried August Bürger

Mein Kind, wir waren Kinder...

Mein Kind, wir waren Kinder,
zwei Kinder, klein und froh;
wir krochen ins Hühnerhäuschen,
versteckten uns unter das Stroh.

Wir krähten wie die Hähne,
und kamen Leute vorbei –
»Kikereküh!« sie glaubten,
es wäre Hahnengeschrei.

Die Kisten auf unserem Hofe,
die tapezierten wir aus,
und wohnten drin beisammen
und machten ein vornehmes Haus.

Des Nachbars alte Katze
kam öfters zu Besuch;
Wir machten ihr Bückling und Knixe
und Komplimente genug.

Wir haben nach ihrem Befinden
besorglich und freundlich gefragt,
wir haben seitdem dasselbe
mancher alten Katze gesagt.

Wir saßen auch oft und sprachen
vernünftig wie alte Leut
und klagten, wie alles besser
gewesen zu unserer Zeit;

wie Lieb' und Treu' und Glauben
verschwunden aus der Welt,
und wie so teuer der Kaffee,
Und wie so rar das Geld!

Vorbei sind die Kinderspiele
Und alles rollt vorbei.
Das Geld und die Welt und die Zeiten
Und Glauben und Lieb' und Treu'.

Heinrich Heine

Herr von Ribbeck auf Ribbeck im Havelland

Herr von Ribbeck auf Ribbeck im Havelland,
ein Birnbaum in seinem Garten stand,
und kam die goldene Herbsteszeit,
und die Birnen leuchteten weit und breit,
da stopfte, wenn's Mittag vom Turme scholl,
der von Ribbeck sich beide Taschen voll.
Und kam in Pantinen ein Junge daher,
so rief er: „Junge, wist 'ne Beer?"
Und kam ein Mädel, so rief er: „Lütt Dirn,
kumm man röwer, ich hebb 'ne Birn!"

So ging es viele Jahre, bis lobesam
der von Ribbeck auf Ribbeck zu sterben kam.
Er fühlte sein Ende. 's war Herbsteszeit,
wieder lachten die Birnen weit und breit.
Da sagte von Ribbeck: „Ich scheide nun ab.
Legt mir eine Birne mit ins Grab."
Und drei Tage drauf, aus dem Doppeldachhaus,
trugen von Ribbeck sie hinaus,
alle Bauern und Büdner mit Feiergesicht
sangen „Jesus meine Zuversicht",
und die Kinder klagten, das Herze schwer:
„He is dod nu. Wer giwt uns nu 'ne Beer?"

So klagten die Kinder. Das war nicht recht,
ach, sie kannten den alten Ribbeck schlecht,
der neue freilich, der knausert und spart,
hält Park und Birnbaum strenge verwahrt.

Aber der alte, vorahnend schon
und voll Misstrauen gegen den eigenen Sohn,
der wusste genau, was damals er tat,
als um eine Birn' ins Grab er bat,
und im dritten Jahr aus dem stillen Haus
ein Birnbaumsprössling sprosst heraus.

Und die Jahre gehen wohl auf und ab,
längst wölbt sich ein Birnbaum über dem Grab,
und in der goldenen Herbsteszeit
leuchtet's wieder weit und breit.

Und kommt ein Jung' übern Kirchhof her,
so flüstert's im Baume: „Wiste 'ne Beer?"
Und kommt ein Mädel, so flüstert's „Lütt Dirn,
kumm man röwer, ick gew di 'nen Birn!"

So spendet Segen noch immer die Hand
des von Ribbeck auf Ribbeck im Havelland.

Theodor Fontane

Ladislaus und Komkarlinchen

Es war einmal ein Landsknecht,
Der hatte eine Maus,
Die Maus hieß Komkarlinchen,
Der Landsknecht Ladislaus.

Der Landsknecht liebt das Kämpfen,
Die Beute und die Ehr,
Aber sein Komkarlinchen,
Das liebt er noch viel mehr.

Sie aß von seinem Brote,
Sie schlief in seinem Bart,
Sie wohnt in seiner Tasche
Auf weiter Kriegesfahrt.

Nur wenn in eine Schlacht ging
Der Landsknecht mit der Maus,
Sprang sie ihm auf den Rock und
Nahm wie der Wind Reißaus.

Da wurd er sehr bekümmert
Und lief ihr hinterher
Die Kreuz und auch die Quere
Durchs ganze römische Heer.

Und weil sie lief nach hinten
Und niemals lief nach vorn,
Ging ohne ihn die Schlacht halt
Gewonnen und verlorn.

Der Krieg wurd immer älter,
Der Krieg wurd dreißig Jahr,
Älter als mancher Landsknecht
Alt geworden war.

Und die das Kämpfen liebten,
Die Beute und die Ehr,
Die lagen schon begraben
In Sachsen und am Meer.

Jedoch aus allen Wettern
Kam heilen Leibs heraus
Dank seinem Komkarlinchen
Der Landsknecht Ladislaus.

Peter Hacks

Fauler Zauber

Der Zauberkünstler Mamelock
hebt seinen goldnen Zauberstock.
„Ich brauche“, spricht er dumpf,
„zwei Knaben,
die ziemlich viel Courage haben.“

Da steigen aus dem Publikum
schnell Fritz und Franz aufs Podium.
Er hüllt sie in ein schwarzes Tuch
und liest aus seinem Zauberbuch.
Er schwingt den Stock ein paar Sekunden.
Er hebt das Tuch – sie sind verschwunden!

Des Publikums Verblüffung wächst.
Wo hat er sie nur hingehext?
Sie sind nicht fort, wie mancher denkt.
Er hat die beiden bloß – versenkt!

Fritz sagt zu Franz: „Siehst du die Leiter?“
Sie klettern abwärts und gehn weiter.
Der Zauberkünstler lässt sich Zeit,
nimmt dann sein Tuch und wirft es breit.

Er schwingt sein Zepter auf und nieder –
doch kommen Fritz und Franz nicht wieder!
Der Zauberer fällt vor Schrecken um.
Ganz ähnlich geht's dem Publikum.

Nur Fritz und Franz sind voller Freude.
Sie schleichen sich aus dem Gebäude.
Und Mamelock sucht sie noch heute.

Erich Kästner

Der Zauberlehrling

Hat der alte Hexenmeister
Sich doch einmal wegbegeben!
Und nun sollen seine Geister
Auch nach meinem Willen leben!
Seine Wort und Werke
Merkt ich und den Brauch
Und mit Geistesstärke
Tu ich Wunder auch.

Walle! walle
Manche Strecke,
Dass zum Zwecke
Wasser fließe,
Und mit reichem, vollem Schwalle
Zu dem Bade sich ergieße!

Und nun komm, du alter Besen!
Nimm die schlechten Lumpenhüllen!
Bist schon lange Knecht gewesen;
Nun erfülle meinen Willen!
Auf zwei Beinen stehe,
Oben sei der Kopf,
Eile nun und gehe
Mit dem Wassertopf!

Walle! walle
Manche Strecke,
Dass zum Zwecke
Wasser fließe,
Und mit reichem, vollem Schwalle
Zu dem Bade sich ergieße!

Seht, er läuft zum Ufer nieder;
Wahrlich! ist schon an dem Flusse,
Und mit Blitzesschnelle wieder
Ist er hier mit raschem Gusse.
Schon zum zweiten Male!
Wie das Becken schwillt!
Wie sich jede Schale
Voll mit Wasser füllt!

Stehe! stehe!
Denn wir haben
Deiner Gaben
Vollgemessen! –
Ach, ich merk es! Wehe! wehe!
Hab ich doch das Wort vergessen!

Ach, das Wort, worauf am Ende
Er das wird, was er gewesen.
Ach, er läuft und bringt behände!
Wärst du doch der alte Besen!
Immer neue Güsse
Bringt er schnell herein,
Ach! und hundert Flüsse
Stürzen auf mich ein.

Nein, nicht länger
kann ich's lassen;
Will ihn fassen.
Das ist Tücke!
Ach! nun wird mir immer bänger!
Welche Miene! welche Blicke!

Oh, du Ausgeburt der Hölle!
Soll das ganze Haus ersaufen?
Seh ich über jede Schwelle
Doch schon Wasserströme laufen.
Ein verruchter Besen,
der nicht hören will!
Stock, der du gewesen,
Steh doch wieder still!

Willst's am Ende
Gar nicht lassen?
Will dich fassen,
Will dich halten,
Und das alte Holz behände
Mit dem scharfen Beile spalten.

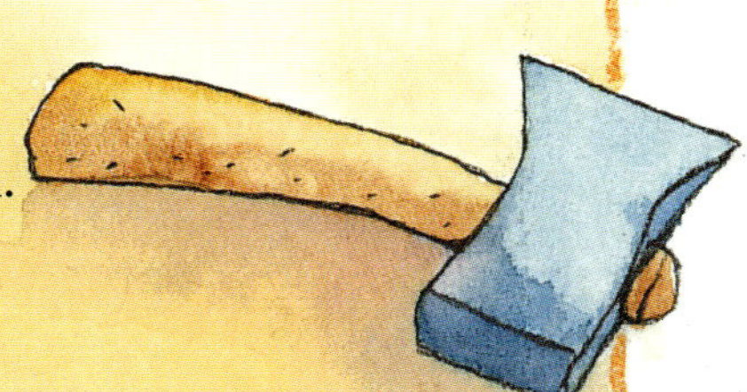

Seht, da kommt er schleppend wieder!
Wie ich mich nun auf dich werfe,
Gleich, o Kobold, liegst du nieder;
Krachend trifft die glatte Schärfe!
Wahrlich, brav getroffen!
Seht, er ist entzwei!
Und nun kann ich hoffen,
Und ich atme frei!

Wehe! wehe!
Beide Teile
Stehn in Eile
Schon als Knechte
Völlig fertig in die Höhe!
Helft mir, ach! ihr hohen Mächte!

Und sie laufen! Nass und nässer
Wird's im Saal und auf den Stufen.
Welch entsetzliches Gewässer!
Herr und Meister! hör mich rufen! –
Ach, da kommt der Meister!
Herr, die Not ist groß!
Die ich rief, die Geister,
Werd ich nun nicht los.

„In die Ecke,
Besen! Besen!
Seid's gewesen!
Denn als Geister
Ruft euch nur zu seinem Zwecke
Erst hervor der alte Meister."

Johann Wolfgang von Goethe

Anhang

Von Dichterinnen und Dichtern

Borchers, Elisabeth
* 1926 in Homberg/Niederrhein
Elisabeth Borchers wuchs im Elsass auf. Sie verbrachte längere Zeit in Frankreich und den USA. Sie schreibt vor allem Gedichte und Bilderbücher für Kinder, aber auch für Erwachsene. Ihre Gedichte „August“ und „Oktober“ sind den zwölf reimlosen „Kalendergedichten“ entnommen. Darin beschreibt sie die Jahreszeitenerfahrungen ihrer Kindheit.

Brecht, Bertolt
* 1898 in Augsburg
† 1956 in Berlin
Bertolt Brecht schrieb schon als Jugendlicher erste Gedichte und Erzählungen. Er wurde 1933 aus Deutschland vertrieben und lebte im europäischen Ausland und in den USA. 1948 kehrte er nach Berlin (Ost) zurück. Brecht schrieb Theaterstücke, Gedichte, Romane und Erzählungen und gehört zu den bedeutendsten Autoren des 20. Jahrhunderts.

Britting, Georg
* 1891 in Regensburg
† 1964 in München
Georg Britting lebte als freier Schriftsteller in München. Er schrieb Erzählungen und Romane, später vor allem Gedichte.

Bürger, Gottfried August
* 1747 in Molmerswende/Harz
† 1794 in Göttingen
Gottfried August Bürger studierte Jura und Philosophie und arbeitete als Redakteur. Er schrieb viele Gedichte, vor allem Balladen, und übersetzte die Münchhausen-Erzählungen aus dem Englischen zurück. Er liebte Gartenbau und Blumenzucht. Zu seiner Tätigkeit als Dichter äußerte er einmal: „Ich mache viele Verse im Kopf, habe aber selten Lust sie aufzuschreiben.“

Eichendorff, Joseph von
* 1788 in Ratibor/Schlesien
† 1857 in Neisse
Joseph von Eichendorff gehört zu den bedeutendsten Dichtern der Romantik. Er schrieb vor allem Gedichte und Erzählungen. Viele seiner Texte sind zu Volksliedern geworden, z. B. das Lied „Wem Gott will rechte Gunst erweisen“. In seinen Werken werden oft Naturnähe, Sehnsucht und Heimweh zum Ausdruck gebracht.

Fontane, Theodor
* 1819 in Neuruppin
† 1898 in Berlin
Theodor Fontane war zunächst wie sein Vater Apotheker in Neuruppin. Er wandte sich 1849 dem Journalistenberuf zu. Schon in den Jahren zuvor waren seine berühmten Balladen entstanden, z. B. „Herr von Ribbeck auf Ribbeck im Havelland" und „John Maynard". Später schrieb er vor allem Romane.

Fried, Erich
* 1921 in Wien
† 1988 in Baden-Baden
Erich Fried arbeitete als Schriftsteller und Übersetzer. Er setzte sich sehr für den Frieden ein, was auch in seinen Gedichten zum Ausdruck kommt.

Goethe, Johann Wolfgang von
* 1749 in Frankfurt am Main
† 1832 in Weimar
Johann Wolfgang von Goethe ist sicher der berühmteste deutsche Dichter. Er war eigentlich Jurist und wirkte u. a. in Weimar als Minister für Finanzen, Theater und Bildungswesen. Sein umfangreiches Werk umfasst Gedichte, Romane, Theaterstücke und Schriften zu naturwissenschaftlichen Problemen. Seine Werke werden in aller Welt gelesen bzw. aufgeführt.

Guggenmos, Josef
* 1922 in Irsee/Allgäu
Josef Guggenmos lebt in Irsee. Er arbeitete als Übersetzer und verfasste viele Gedichte, Erzählungen und Kinderbücher. Bekannt wurde er vor allem durch seine Kindergedichte, die in Gedichtsammlungen veröffentlicht wurden, z. B.: „Was denkt die Maus am Donnerstag", „Immerwährender Kinderkalender", „Ich hab's mit eigenen Ohren gesehn", „Ein Elefant marschiert durchs Land". 1968 erhielt er die Prämie des deutschen Jugendbuchpreises. Guggenmos schrieb einmal: „Ein Lesebuchgedicht ist für den Gebrauch da. Man kann – je nach seiner Besonderheit – mancherlei mit ihm machen. Man darf es, wenn dadurch das Gedicht fesselnder, liebenswerter, besitzenswerter wird."

Hacks, Peter
* 1928 in Breslau
Peter Hacks lebt in Berlin. Er begann seine Tätigkeit als Schriftsteller mit dem Verfassen von Hörspielen für den Kinderfunk. Später schrieb er vor allem Gedichte, Theaterstücke und Kinderbücher, z. B.: „Das Windloch", „Das Turmverlies", „Die Katze wäscht den Omnibus".

Heine, Heinrich
* 1797 in Düsseldorf
† 1856 in Paris
Heinrich Heine studierte Jura und arbeitete danach als Journalist in Paris. Er ist besonders durch seine Gedichte bekannt geworden. Manche von ihnen wurden vertont und sind auf diese Weise Volksgut geworden, z. B. sein Lied von der Loreley „Ich weiß nicht, was soll es bedeuten".

Hoffmann von Fallersleben, August Heinrich
* 1798 in Fallersleben/Braunschweig
† 1874 Schloß Corvey/Westfalen
August Heinrich Hoffmann von Fallersleben ging nach seinem Studium der Theologie, Philosophie und Archäologie auf Reisen und sammelte alte Dichtung und Lieder. Er arbeitete dann als Bibliothekar und Professor in Breslau. Später wurde er des Landes verwiesen. Viele seiner Gedichte wurden vertont und sind bekannte Lieder geworden, z. B. das Deutschlandlied, „Winter ade", „Alle Vöglein sind schon da".

Hundertwasser, Friedensreich
* 1928 in Wien
Friedensreich Hundertwasser ist ein bekannter österreichischer Maler. Er befasst sich in den letzten Jahren viel mit dem Thema des menschlichen Wohnens.

Kaléko, Mascha
* 1907 in Chranzow/Polen
† 1975 in Zürich
Mascha Kaléko lebte von 1918 bis 1938 in Berlin und wanderte dann in die USA aus, weil sie Jüdin war. Berühmt wurde sie durch ihre Gedichte, die oft mit den Gedichten von Kästner und Ringelnatz verglichen werden. Über ihr Dichten verfasste sie diesen Vierzeiler:

„Mein schönstes Gedicht?
Ich schrieb es nicht.
Aus tiefsten Tiefen stieg es.
Ich schwieg es."

Kästner, Erich
* 1899 in Dresden
† 1974 in München
Erich Kästner arbeitete seit 1927 als freier Schriftsteller in Berlin. 1933 wurden seine Bücher von den Nationalsozialisten verbrannt und verboten. In Kästners Kinder- und Jugendbüchern geht es häufig um Kinder, die in schwierigen Situationen Mut beweisen. 1957 erhielt Kästner den bedeutendsten Literaturpreis der Bundesrepublik, den Georg-Büchner-Preis. Seine berühmtesten Kinderbücher wurden verfilmt, z. B. „Das doppelte Lottchen", „Emil und die Detektive", „Das fliegende Klassenzimmer".

Kirsch, Sarah
* 1935 in Limingerode/Harz
Sarah Kirsch lebt seit 1983 in Schleswig-Holstein auf dem Land. Sie liebt die Begegnung mit der Natur, mit Blumen, Bäumen, Vögeln, Fischen... und den Jahreszeiten. Sie schreibt Gedichte, vor allem über die Natur, Erzählungen, Reportagen und Kinderbücher.

Kordon, Klaus
* 1943 in Berlin
Klaus Kordon lebt als freier Schriftsteller in Berlin. Er schreibt Gedichte, Erzählungen und Kinder- und Jugendbücher und erhielt mehrere Literaturpreise. Er sucht den Kontakt mit seinen jugendlichen Leserinnen und Lesern und veranstaltet Lesungen, z. B. in Schulklassen, um mit ihnen über seine Bücher zu diskutieren.

Kunert, Günter
* 1929 in Berlin
Günter Kunert wurde in seiner Jugend als „rassisch Verfolgter" von der Schule verwiesen. Er studierte nach dem Krieg in Berlin (Ost) Kunst und reiste 1979 mit Genehmigung der DDR-Behörden in die Bundesrepublik Deutschland aus. Zu seiner Lieblingslektüre zählen die Texte von Bertolt Brecht. Typisch für seine Gedichte und Erzählungen ist es, dass er seine Gedanken in ganz knappen Formulierungen zum Ausdruck bringt.

Kunze, Reiner
* 1933 in Oelsnitz/Erzgebirge
Reiner Kunze studierte in Leipzig Kunst- und Geisteswissenschaften. Er siedelte 1977 nach Auseinandersetzungen mit den Behörden in der ehemaligen DDR in die Bundesrepublik über. Im gleichen Jahr erhielt er den Georg-Büchner-Preis. Reiner Kunze wurde bekannt durch seine Gedichte. Durch seine Tochter kam er auch zum Schreiben von Kinderbüchern, z. B. „Der Löwe Leopold", für den er den deutschen Jugendbuchpreis erhielt.

Lenzen, Hans-Georg
* 1921 in Moers
Hans-Georg Lenzen lebt bei Düsseldorf. Er veröffentlicht Übersetzungen, Verse, Märchen und Kinderbücher, die er auch illustriert.

Maar, Paul
* 1937 in Schweinfurt
Paul Maar war zehn Jahre als Kunstlehrer tätig. Er hat Erzählungen, ein Hörspiel und einen Roman geschrieben. Sein erstes Kinderbuch hieß „Der tätowierte Hund". Besonders bekannt wurde er durch seine „Geschichten vom Sams". Weitere Bücher sind u. a.: „Lippels Traum", „Der Buchstabenfresser", „Lisas Reise". Paul Maar erhielt mehrere Literaturpreise.

Mai, Manfred
* 1949 in Winterlingen/Schwäbische Alb
Manfred Mai lebt in Balingen, ist Realschullehrer und schreibt Gedichte und Geschichten für Kinder und Jugendliche sowie Kinderbücher.

Manz, Hans
* 1931 im Züricher Oberland
Hans Manz lebt in Zürich und arbeitet als Lehrer, Autor und Übersetzer. Er verfasst Gedichte, mundartliche Texte, Erzählungen und Sprach- und Kinderbücher. Viele seiner Texte leben vom Spiel mit der Sprache.

Nöstlinger, Christine
* 1936 in Wien
Christine Nöstlinger ist eine der bekanntesten Kinder- und Jugendbuchautorin, die seit 1970 zahlreiche Bücher verfasst hat, für die sie Literaturpreise erhielt. Die berühmtesten Titel sind: „Maikäfer flieg", „Wir pfeifen auf den Gurkenkönig", „Ilse Janda, 14", „Konrad oder Das Kind aus der Konservenbüchse".

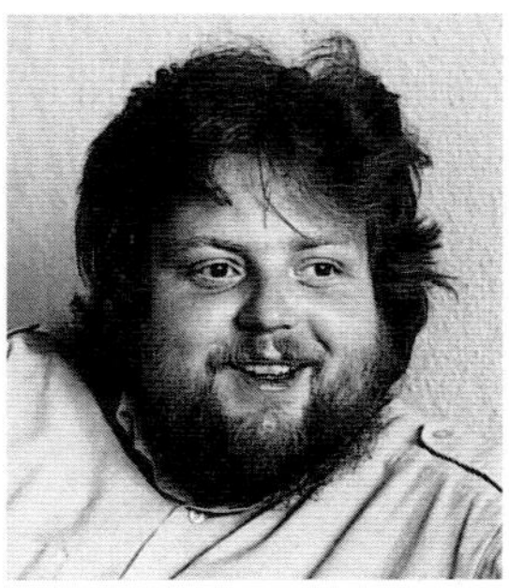

Rathenow, Lutz
* 1952 in Jena
Lutz Rathenow lebt in Berlin als freischaffender Schriftsteller. Er begann in der ehemaligen DDR ein Studium als Lehrer, durfte dieses aber aus politischen Gründen nicht beenden und arbeitete als Transportarbeiter. Zum Schreiben verfasste er diesen Text:

Schöpfen
Gib mir ein Blatt
einen Füllfederhalter
– dieses schöne Wort
ich mag es nicht kürzen –
Ein Glas voll Tinte
Sorgfältig tauche ich ein
Und blau auf weiß
erblühn die Worte.

Reding, Josef
* 1929 in Castrop-Rauxel
Josef Reding lebt in Dortmund. Er arbeitet als Schriftsteller vor allem im Bereich der Kinder- und Jugendliteratur. Sein Werk umfasst neben Gedichten, Erzählungen und Kurzgeschichten auch Hör- und Fernsehspiele, in denen es u. a. um Themen wie Außenseiter, Dritte Welt und Familie geht.

Ringelnatz, Joachim
* 1883 in Wurzen bei Leipzig
† 1934 in Berlin
Joachim Ringelnatz hieß ursprünglich Hans Bötticher. Er arbeitete als Schiffsjunge und in vielen anderen Berufen. Seit 1920 war er als Kabarettautor tätig. Sein Werk umfasst hauptsächlich Moritaten, Songs und Nonsensverse. Er veröffentlichte viele Gedichtsammlungen, z. B. „Turngedichte", „Kinder-Verwirr-Buch", „Und auf einmal steht es neben dir".

Rilke, Rainer Maria
* 1875 in Prag
† 1926 in Val-Mont bei Montreux
Rainer Maria Rilke lebte eine Zeitlang in Paris und arbeitete als Sekretär des berühmten Bildhauers Auguste Rodin. Nach dem für ihn schrecklichen Erlebnis des 1. Weltkrieges verließ er Deutschland für immer. Bekannt sind vor allem seine Gedichte.

Schnurre, Wolfdietrich
* 1920 in Frankfurt am Main
† 1989 in Kiel
Wolfdietrich Schnurre verfasste Romane, Erzählungen, Kurzgeschichten, Hör- und Fernsehspiele sowie Fabeln und Gedichte für Kinder und Erwachsene. In seinen Werken setzt er sich oft mit Problemen der Kriegs- und Nachkriegszeit auseinander. 1983 erhielt er den Georg-Büchner-Preis. Über seine Arbeit schrieb er einmal: „Kinderbücher zu schreiben ist sehr schwierig. Denn Kinder sind kritischer als erwachsene Leser."

Spohn, Jürgen
* 1934 in Leipzig
† 1992 in Berlin
Jürgen Spohn ist bekannt durch seine Bilder, Illustrationen, Bilderbücher, Fotobücher, Gedichte, Plakate und vieles andere mehr, die er ausschließlich für Kinder und Jugendliche herstellte. Er fand es besonders wichtig, dass seine Leserinnen und Leser ihn auch als Person kennen lernten. Dabei nahm er die Fragen seiner Zuhörer und Zuhörerinnen sehr ernst:

„Wie viel verdient man als Schriftsteller?"
„Haben Sie schon als Kind damit angefangen?"
„Gibt es Lieblinge unter Ihren Erzeugnissen?"
„Warum schreiben Sie?"
„Woher wissen Sie, ob das jemand lesen will, was Sie schreiben?"
„Wie wirkt ein Misserfolg?"
„Haben Sie Vorbilder?"

Wittkamp, Frantz
* 1943 in Wittenberg
Frantz Wittkamp lebt in Lüdinghausen und arbeitet als Zeichner und Autor von Gedichten und Bilderbüchern. Besonders bekannt sind seine Zeichnungen zu Texten von Paul Maar, Josef Guggenmos und anderen.

Allen Leserinnen und Lesern sind die Märchen bekannt, die von den Gebrüdern Grimm gesammelt wurden. Eine ähnliche Sammlung von Gedichten, die mündlich überliefert worden waren und deren Verfasser unbekannt blieben, trugen die beiden Dichter Achim von Arnim (1781 – 1831) und Clemens Brentano (1778 – 1842) zusammen. Sie nannten das Werk „Des Knaben Wunderhorn".

Quellenverzeichnis

Andresen, Ute: *Meine Mama mag Mäuse / Bin ich der Bräutigam... / Wippe / Zauberspruch für alle Fälle*
aus: Andresen, Ute und Monika Popp: ABC und alles auf der Welt. Otto Maier Verlag: Ravensburg 1988

Ausländer, Rose: *Der Engel in dir*
aus: Die Sichel mäht die Zeit zu Heu. S. Fischer Verlag: Frankfurt/Main 1985

Baumann, Hans: Am einunddreißigsten Februar
aus: Die lustige Geschichtenkiste. Gefüllt von Erich Kästner. Dressler: Hamburg 1986

Borchers, Elisabeth: *August / Oktober*
aus: Und oben schwimmt die Sonne davon. Heinrich Ellermann Verlag: München 1965

Brecht, Bertolt: *Morgens und abends zu lesen*
aus: Gedichte in 10 Bänden. Suhrkamp: Frankfurt/Main 1967

Brecht, Bertolt: *Die gute Nacht / Der Rauch / Bitten der Kinder / Der Pflaumenbaum*
aus: Gedichte in einem Band. Suhrkamp: Frankfurt/Main 1981

Brender, Irmela: *Wir*
aus: Fuhrmann, Joachim (Hrsg.): Gedichte für Anfänger. Rowohlt: Reinbek 1980

Britting, Georg: *Die Sonnenblume*
aus: Gedichte 1930–1940. List Verlag GmbH: München

Bull, Bruno Horst: *Komm in mein Haus*
aus: Gelberg, Hans-Joachim (Hrsg.): Überall und neben dir. Beltz & Gelberg: Weinheim/Basel 1986

Bürger, Gottfried August: *Der Schatzgräber*
aus: Werke. Weimar 1956

Eggers, Gerd: *Können Küchenherde fliegen?*
aus: Vorzimmerlied. Verlag Neues Leben: Berlin 1982

Eichendorff, Joseph von: *Weihnachten*
aus: Werke in vier Bänden, Bd. 1. Hanser: München/Wien

Fontane, Theodor: *Herr von Ribbeck auf Ribbeck im Havelland*
aus: Sämtliche Werke Bd. 6. Hanser: München 1964

Frank, Karlhans: *Du und ich*
aus: Vom Dach die Schornsteinfeger grüßen mit Taucherflossen an den Füßen. Franz Schneider Verlag: München 1987

Frei, Frederike: *Selbstportrait*
aus: Fuhrmann, Joachim (Hrsg.): Gedichte für Anfänger. Rowohlt: Reinbek 1980

Fried, Erich: *Humorlos*
aus: Anfechtungen. Wagenbach: Berlin 1967

Fried, Erich: *Kleine Frage*
aus: Lebensschatten. Quartheft 111. Wagenbach: Berlin 1981

Friedrich, Herbert: *Ein Hase saß auf einer Bank*
aus: Eine kleine Fledermaus ruht sich auf der Zeder aus. Kinderbuchverlag: Berlin 1981

Gellert, Christian Fürchtegott: *Im Land der Hinkenden*
aus: Schulleres, A. (Hrsg.): Gellerts Dichtungen. Bibliographisches Institut: Leipzig/Wien 1891

Goethe, Johann Wolfgang von: *Gefunden / Ein großer Teich war zugefroren / Der Zauberlehrling*
aus: Goethes Werke. Christian Wegener: Hamburg 1962

Guggenmos, Josef: *Mein Ball*
aus: Gelberg, Hans-Joachim (Hrsg.): Die Stadt der Kinder. Georg Bitter Verlag: Recklinghausen 1969

Guggenmos, Josef: *Nun aber ist zu berichten*
aus: Gelberg, Hans-Joachim (Hrsg.): Die Erde ist mein Haus. 8. Jahrbuch der Kinderliteratur. Beltz & Gelberg: Weinheim/Basel 1988

Guggenmos, Josef: *Verblühter Löwenzahn*
aus: Ein Elefant marschiert durchs Land. Georg Bitter Verlag: Recklinghausen 1968

Guggenmos, Josef: *Warum*
aus: Was denkt die Maus am Donnerstag? Paulus Verlag: Recklinghausen 1967

Guggenmos, Josef: *Zwölf Schubladen*
aus: Der bunte Hund Nr. 1. Beltz Verlag: Weinheim/Basel 1981

Hacks, Peter: *Der Winter*
aus: Der Flohmarkt. Kinderbuchverlag: Berlin 1965

Hacks, Peter: *Ladislaus und Komkarlinchen*
aus: Das Turmverlies. Reinhard Mohn: Gütersloh 1964

Haidegger, Christine: *Seit Papa weg ist*
aus: Gelberg, Hans-Joachim (Hrsg.): Die Erde ist mein Haus. 8. Jahrbuch der Kinderliteratur. Beltz & Gelberg: Weinheim/Basel 1988

Halle, Werner: *AEIOU*
aus: Bilder und Gedichte für Kinder. Westermann Schulbuchverlag: Braunschweig

Heine, Heinrich: *Mein Kind, wir waren Kinder*
aus: Lyrik und Prosa. Büchergilde Gutenberg: Frankfurt/Wien/Zürich o.J.

Herold, Gottfried: *Kleiner Unsinn*
aus: Mein Dackel heißt Emil. Kinderbuchverlag: Berlin 1987

Hoffmann von Fallersleben, August Heinrich: *Maler Frühling*
aus: Gesammelte Werke. Fontane Verlag: Berlin 1890

Hohmann, Rainer: *Fürchterlichkeiten*
aus: Gelberg, Hans-Joachim (Hrsg.): Augenaufmachen. 7. Jahrbuch der Kinderliteratur. Beltz & Gelberg: Weinheim/Basel 1984

Hundertwasser, Friedensreich: *Grieselbach-Gedicht*
aus: Gelberg, Hans-Joachim (Hrsg.): Überall und neben dir. Beltz & Gelberg: Weinheim/Basel 1986

Janisch, Heinz: *Beim Geschirrabtrocknen*
aus: Gelberg, Hans-Joachim (Hrsg.): Die Erde ist mein Haus. 8. Jahrbuch der Kinderliteratur. Beltz & Gelberg: Weinheim/Basel 1988

Janosch: *Himmel Hölle / Hokuspokus Kokosnuss*
aus: Gelberg, Hans-Joachim (Hrsg.): Die Stadt der Kinder. Georg Bitter Verlag: Recklinghausen 1982

Kahlau, Heinz: *Störendes Lied*
aus: Gelberg, Hans-Joachim (Hrsg.): Die Erde ist mein Haus. 8. Jahrbuch der Kinderliteratur. Beltz & Gelberg: Weinheim/Basel 1988

Kaléko, Mascha: *Der Winter*
aus: Wie's auf dem Mond zugeht und andere Verse. Jan Thorbecke Verlag: Sigmaringen 1982

Kaléko, Mascha: *Irgendwer*
aus: In meinen Träumen läutet es Sturm. dtv: München 1977

Kaléko, Mascha: *Wie man Muttis schnell zum „Kochen" bringt*
aus: Wie's auf dem Mond zugeht und andere Verse. Blanvalet: Berlin 1971

Kästner, Erich: *Die Sache mit den Klößen*
aus: Das verhexte Telefon. Atrium: Zürich 1935

Kästner, Erich: *Fauler Zauber*
aus: Das Schwein beim Friseur. Dressler: Hamburg 1978

Kirsch, Sarah: *Regen fällt vom Himmel*
© Sarah Kirsch

Kirsch, Sarah: *Zwischen Herbst und Winter*
aus: Zwischen Herbst und Winter. Middelhauve: Köln 1983

Kleberger, Ilse: *Sommer*
aus: Gelberg, Hans-Joachim (Hrsg.): Die Stadt der Kinder. Georg Bitter Verlag: Recklinghausen 1969

KNISTER: *Nikolaus, verrate mir...*
aus: Maar, Paul: Von Weihnachtsmäusen und Nikoläusen. Thienemann: Stuttgart/Wien 1985

Kögel, Fritz und Emilie: *Der Bratapfel*
aus: Die Arche Noah. Schaffstein: Köln

Könner, Alfred: *Herr Dickbauch und Frau Dünnebein*
aus: Herr Dickbauch und Frau Dünnebein. Altberliner Verlag: Berlin 1983

Kordon, Klaus: *Ich bin ein Wunder*
aus: Gelberg, Hans-Joachim (Hrsg.): Das achte Weltwunder. 5. Jahrbuch der Kinderliteratur. Beltz & Gelberg: Weinheim/Basel 1979

Kreft, Marianne: *Liebe Aygün!*
aus: Gelberg, Hans-Joachim (Hrsg.): Augenaufmachen. 7. Jahrbuch der Kinderliteratur. Beltz & Gelberg: Weinheim/Basel 1984

Krüss, James: *Die Weihnachtsmaus*
aus: Der wohltemperierte Leierkasten. Reinhard Mohn: Gütersloh 1961

Kuhnen, Johannes: *Wenn sich die Igel küssen*
aus: Schöntges, Jürgen (Hrsg.): Freche Lieder – liebe Lieder. Beltz & Gelberg: Weinheim/Basel 1993

Kunert, Günter: *Leute*
aus: Hans-Joachim Gelberg (Hrsg.): Menschengeschichten. 3. Jahrbuch der Kinderliteratur. Beltz & Gelberg: Weinheim/Basel 1975

Kunert, Günter: *Über einige Davongekommene*
aus: Erinnerungen an einen Planeten. Hanser: München 1963

Kunze, Reiner: *Blumenlied*
aus: Gelberg, Hans-Joachim (Hrsg.): Geh und spiel mit den Riesen. Beltz & Gelberg: Weinheim/Basel 1971

Kunze, Reiner: *Der tote Mann*
aus: Wohin der Schlaf sich schlafen legt. Gedichte für Kinder. S. Fischer Verlag: Frankfurt/Main 1991

Leippe, Ulla: *Das geht nicht*
aus: Alle Kinder raten mit. Humboldt-Taschenbuchverlag: München 1972

Lenzen, Hans Georg: *ANNA versteckt sich / Conrads Reise*
aus: Gelberg, Hans-Joachim (Hrsg.): Geh und spiel mit dem Riesen. Beltz & Gelberg: Weinheim/Basel 1971

Lenzen, Hans Georg: *Tiger-Jagd*
aus: Gelberg, Hans-Joachim (Hrsg.): Am Montag fängt die Woche an. 2. Jahrbuch der Kinderliteratur. Beltz & Gelberg: Weinheim/Basel 1973

Lobe, Mira: *Der verdrehte Schmetterling*
aus: Wildermuth, R. (Hrsg.): Der Esel zog Pantoffeln an. Heinrich Ellermann Verlag: München 1975

Ludwig, Volker: *Wir werden immer größer*
aus: Das Grips-Liederbuch. Heinrich Ellermann Verlag: München 1978

Maar, Paul: *Ein Schneckenreim*
aus: Paul Maars kleiner Flohmarkt. Oetinger: Hamburg 1977

Maar, Paul: *UDAKAK – LIDOKORK*
aus: Eine Woche voller Samstage Bd. 1. Oetinger: Hamburg 1973

Mai, Manfred: *Der erste Schritt*
aus: Der erste Schritt. Otto Maier Verlag: Ravensburg 1986

Maiwald, Peter: *Der Vater ist die Arbeit los / Der Fluss*
aus: Die Leute von der Annostraße. Asso Verlag Anneliese Althoff: Oberhausen 1979

Manz, Hans: *Aufpassen*
aus: Worte kann man drehen. Sprach-Buch für Kinder. Beltz & Gelberg: Weinheim/Basel 1974

Manz, Hans: *Katharina*
aus: Gelberg, Hans-Joachim (Hrsg.): Die Stadt der Kinder. Georg Bitter Verlag: Recklinghausen 1969

Manz, Hans: *Wunder des Alltags (1)*
aus: Gelberg, Hans-Joachim (Hrsg.): Überall und neben dir. Beltz & Gelberg: Weinheim/Basel 1986

Manz, Hans: *Wunder des Alltags (3)*
aus: Gelberg, Hans-Joachim (Hrsg.): Das achte Weltwunder. 5. Jahrbuch der Kinderliteratur. Beltz & Gelberg: Weinheim/Basel 1979

Morgenstern, Christian: *Neue Bildungen*
aus: Alle Galgenlieder. Insel: Frankfurt/Main 1964

Mörike, Eduard: *Auf ein Ei geschrieben*
aus: Werke. Winkler Verlag: München

Mörike, Eduard: *Septembermorgen*
aus: Sämtliche Werke Bd. 1. Cotta'sche Buchhandlung: Stuttgart 1961

Neie, Rosemarie: *Muttertag*
aus: Musil, L. (Hrsg.): Es war so lange Tag. Auer Verlag: Donauwörth o.J.

Nöstlinger, Christine: *Mein Gegenteil*
aus: Ein und alles. Beltz & Gelberg: Weinheim/Basel 1979

Ramler, Karl Wilhelm: *Der Fuchs und die Trauben*
aus: Uralte Weisheiten – Fabeln aus aller Welt. Bonn 1956

Rathenow, Lutz: *Ich freu mich*
aus: Sterne jonglieren. Otto Maier Verlag: Ravensburg 1989

Rechlin, Eva: *Der Frieden*
aus: Kliewer, Heinz-Jürgen (Hrsg.): Die Wundertüte. Alte und neue Gedichte für Kinder. Philipp Reclam jun.: Stuttgart 1989

Rechlin, Eva: *Zum Muttertag*
aus: Bull, Bruno Horst (Hrsg.): Glück und Segen. Mosaik Verlag: Hamburg 1964

Reding, Josef: *Kein Krieg ist gerecht...*
aus: Wir sind Kinder einer Erde. Impulse Musikverlag Ludger Edelkötter: Drensteinfurt 1991

Reding, Josef: *Scheidung*
aus: Gutentagtexte. Engelbert-Verlag Gebr. Zimmermann: Balve 1974

Reding, Josef: *Uno, due, tre*
aus: Fuhrmann, Joachim (Hrsg.): Gedichte für Anfänger. Rowohlt: Reinbek 1980

Rilke, Rainer Maria: *Advent*
aus: Sämtliche Werke Bd. 1, hrsg. v. Rilke-Archiv. Insel: Frankfurt/Main 1955

Ringelnatz, Joachim: *Weihnachten*
aus: Und auf einmal steht es neben dir. Henssel Verlag: Berlin 1950

Schnurre, Wolfdietrich: *Bekanntschaft*
aus: Ich frag ja bloß. List: München 1973

Schnurre, Wolfdietrich: *Vierzig persische Pfirsiche*
aus: Gelberg, Hans-Joachim (Hrsg.): Am Montag fängt die Woche an. 2. Jahrbuch der Kinderliteratur. Beltz & Gelberg: Weinheim/Basel 1973

Schwarz, Regina: *Nach einem Streit*
aus: Gelberg, Hans-Joachim (Hrsg.): Augenaufmachen. 7. Jahrbuch der Kinderliteratur. Beltz & Gelberg: Weinheim/Basel 1984

Schwarz, Regina: *Wen du brauchst*
aus: Gelberg, Hans-Joachim (Hrsg.): Überall und neben dir. Beltz & Gelberg: Weinheim/Basel 1989

Schweiggert, Alfons: *Verrückt*
aus: Das ist der Knüller. Herder Verlag: Freiburg 1986

Seck-Agthe, Monika: *Groß und klein*
aus: Gelberg, Hans-Joachim (Hrsg.): Überall und neben dir. Beltz & Gelberg: Weinheim/Basel 1986

Sichelschmidt, Gustav: *Wind, Wind, blase!*
aus: Kunterbunte Kindergedichte. Henn: Ratingen 1952

Sommer-Bodenburg, Angela: *Am Morgen bin ich gerne klein / Wenn meine Eltern streiten*
aus: Ich lieb dich trotzdem immer. Gedichte von Angela Sommer-Bodenburg. Middelhauve Verlag: Köln 1989

Spohn, Jürgen: *Ein Nasenhuhn*
aus: Eledil und Krokofant. Bertelsmann: Gütersloh

Spohn, Jürgen: *Hochzeit*
aus: Drunter & drüber. Bertelsmann: München 1980

Spohn, Jürgen: *Manchmal*
aus: Drauf und dran. Carlsen Verlag: Hamburg 1988

Unbekannter Verfasser:
Wie viel Sand in dem Meer / Eins, zwei, drei / Morgens früh um sechs / Himpelchen und Pimpelchen
aus: Arnim, Achim von und Clemens Brentano (Hrsg.): Des Knaben Wunderhorn. Amerbach: Basel 1947.

Sankt Martin ritt durch Schnee und Wind
aus: Gundlach, Peter und Willi (Hrsg.): Unser Liederbuch. Klett: Stuttgart 1966

Alles in Butter, verbiegen, dick – dünn, mit dem Kopf durch die Wand, Treppe, rund, Hut, lang

Auf dem Berge Sinai
aus: Rilz, René (Hrsg.): Kunterbunter Jahresreigen. Loewes Verlag: Bayreuth 1980

Volksgut
Sternsinger / Ene, bene, subtrahene / Itzli – pitzli – Rabenfuß

Wendt, Irmela: *Wer warf die erste Atombombe?*
aus: Gelberg, Hans-Joachim (Hrsg.): Augenaufmachen. 7. Jahrbuch der Kinderliteratur.
Beltz & Gelberg: Weinheim/Basel 1984

Wiemer, Rudolf Otto: *Die drei Könige*
aus: Das Feierbuch der Schule. Deutscher Theaterverlag: Weinheim

Wiemer, Rudolf Otto: *Die Wolke*
aus: Gelberg, Hans-Joachim (Hrsg.): Die Erde ist mein Haus. 8. Jahrbuch der Kinderliteratur.
Beltz & Gelberg: Weinheim/Basel 1988

Wittkamp, Frantz: *Du bist da und ich bin hier*
aus: Gelberg, Hans-Joachim (Hrsg.): Die Erde ist mein Haus. 8. Jahrbuch der Kinderliteratur.
Beltz & Gelberg: Weinheim/Basel 1988

Wittkamp, Frantz: *Ich freue mich / Warum sich Raben streiten*
aus: Gelberg, Hans-Joachim (Hrsg.): Überall und neben dir. Beltz & Gelberg: Weinheim/Basel 1986

Wohlgemuth, Hildegard: *Der Frieden, Kind, der Frieden*
aus: Gelberg, Hans-Joachim (Hrsg.): Augenaufmachen. 7. Jahrbuch der Kinderliteratur.
Beltz & Gelberg: Weinheim/Basel 1984

Zeuch, Christa: *Wer war's?*
aus: Unten steht der Semmelbeiß. Gedichte für Kinder. Anrich Verlag: Modental Neunkirchen 1978

Zorn, Gerda: *Frieden*
aus: Wohlgemuth, Hildegard (Hrsg.): Frieden. Mehr als ein Wort. Gedichte und Geschichten.
Rowohlt: Reinbek 1981

Zuckowski, Rolf: *Baum des Lebens*
© Musik-Edition Discoton GmbH (BMG UFA), München

Verzeichnis der Gedichtanfänge

987 654